MINFAXUE ANLI
JIAOCHENG

民法学案例教程

贾志敏　王俊霞　主　编

苏丽娜　张莉蔚　吴凡文　副主编

中国政法大学出版社

2018·北京

图书在版编目（CIP）数据

民法学案例教程/贾志敏，王俊霞主编. —北京：中国政法大学出版社，
2018.11（2021.1 重印）

ISBN 978-7-5620-8710-6

Ⅰ.①民…　Ⅱ.①贾…②王…　Ⅲ.①民法－案例－中国－教材
Ⅳ.①D923.05

中国版本图书馆 CIP 数据核字（2018）第 251179 号

出　版　者　　中国政法大学出版社

地　　　址　　北京市海淀区西土城路 25 号

邮寄地址　　北京 100088 信箱 8034 分箱　邮编 100088

网　　　址　　http://www.cuplpress.com（网络实名：中国政法大学出版社）

电　　　话　　010-58908586（编辑部）58908334（邮购部）

编辑邮箱　　zhengfadch@126.com

承　　　印　　北京九州迅驰传媒文化有限公司

开　　　本　　880mm×1230mm　1/32

印　　　张　　9.375

字　　　数　　230 千字

版　　　次　　2018 年 11 月第 1 版

印　　　次　　2021 年 1 月第 2 次印刷

定　　　价　　49.00 元

PREFACE

总　序

　　民法学是以民法为研究对象的一门独立的法学学科，属于部门法学。民法学不仅要研究民法的各项基本制度以及各制度之间的关系，研究民法与经济基础之间的关系，而且还要研究民法适用中的新经验、新情况和新问题。民法是我国法律体系中的基本法律部门，它在保护社会成员的基本权利，维护社会经济制度和社会秩序，增强人们的平等观念、民主观念、权利观念、法治观念、自由观念，促进商品经济的发展和社会文明建设以及实现依法治国的方略等方面，有着十分重要的意义。这就决定了民法学作为我国法学体系中的一门基本学科，在法学教育中具有重要的地位和作用。同时，作为一门课程，民法学是教育部所确定的法学专业十四门核心课程之一，也是非法学专业的重要选修课之一。

　　通过本课程的学习，要求学生掌握民法的基本知识和基本理论，理解民法的重要地位和作用，增强民法意识和权利意识，学会运用民法的基本技能，以及提高利用民法知识和理论分析、判断和解决民事法律问题的能力。

　　为了满足以上教学目的，民法学主讲人王俊霞组建了民法学教学团队，并在贾志敏多年律师执业实践的基础上，以案例教学为手段，旨在增强学生运用民法的基本技能，以及提高利用民法知识和理论分析、判断和解决民事法律问题的能力。为此，主编贾志敏、王俊霞编制了该民法学案例教程。

　　本书分为总论编、物权编、债权编、人身权编及民事责任编五个部分，并结合《民法总则》《物权法》《合同法》《侵权责任法》等法律规定，以及在实务中已经发生的具体案例与判决，切合时下讨论较激烈的热点案例进行编制。

民法学案例教学课题组

2018 年 8 月 1 日

目 录
CONTENTS

第一编
民法总论

第一章
民法的调整对象

【知识串讲】

民法的调整对象——指民法所调整的各种社会关系。根据《民法总则》和《合同法》，我们将民法的调整对象概括为：平等主体的自然人、法人、非法人组织之间的财产关系和人身关系。而自然人、法人、非法人组织则通常称为民事主体。

（一）平等主体之间的财产关系

1. 财产关系

财产关系，指当事人之间以财产为内容所发生的社会关系——具有经济价值，不属于自然人的人格、人力所能支配。

2. 平等主体间的财产关系

（1）主体地位平等——不存在依赖、从属、领导等关系。比如，各级国家机关进行政府采购时订立的政府采购合同，适用《合同法》规定，是民事主体；而国家机关作为行政管理部门，对土地进行征用等行为，就不是平等的民事主体行为，不受民法规范的调整。

（2）意思表示自由——即意思自治，指不存在任何主体将自己意志强加给对方的情形。

（3）内容大多具有等价有偿特点——基于财产利益和意思

自治。

（4）可以分为财产归属关系（由谁所有）和财产流转关系（因财产交换等形成的关系）。

（二）平等主体之间的人身关系

1. 人身关系

人身关系，指与人身不可分离、以人身为内容，不直接体现财产利益的社会关系。

2. 平等主体的人身关系

①主体地位平等——这是民法的基本要求。②内容的非财产性——不直接体现财产利益，如姓名权、肖像权。③与民事主体不可分离——基于人身权利的特有属性，人身关系亦具有专属性，具有不可任意转让、放弃或被剥夺的特点。

【案例　国有资产产权纠纷】

（一）案情摘要

内蒙古某地质局与内蒙古某煤炭有限责任公司均属于国有企业，在 2013 年之前两家企业的上级主管单位均为内蒙古某工业局和内蒙古自治区某安全监察局。内蒙古某工业局和内蒙古自治区某安全监察局原为一套人马、两块牌子。后内蒙古某工业局和内蒙古自治区某安全监察局分家，先将内蒙古某地质局与内蒙古某煤炭有限责任公司分别划分在不同的主管单位之下，后将内蒙古某工业局和内蒙古自治区某安全监察局的共有财产也进行分割，并对上述事项出台了分割文件。

在上述财产中，有一项房产即呼和浩特市中山东路 1 号房屋，当时分割给了内蒙古某工业局，后内蒙古工业局同意将该房产登记在其下属二级单位内蒙古某地质局名下，并办理了产权登记。内蒙古某煤炭有限责任公司因认为自己对该中山东路 1

号房屋也有投入，故于2017年10月将内蒙古某地质局诉至呼和浩特市新城区人民法院。此案经过一审、二审，最终二审法院于2018年作出裁定。

（二）相关法理知识及案例评析

（1）我国《民法总则》第2条规定：民法调整平等主体的自然人、法人和非法人组织之间的人身关系和财产关系。

（2）财产关系：是指人们在物质资料的生产、分配、交换和消费过程中所形成的具有经济内容的社会关系；人身关系：是指没有直接的财产内容而与人身不可分离的社会关系。包括人格关系（姓名、肖像、名誉等关系）和身份关系（扶养、监护等关系）。

（3）民法的调整对象：①民法调整的社会关系发生于自然人、法人和非法人组织之间；②民法调整的社会关系属于上述主体间的财产关系和人身关系；③民法只调整平等主体之间的财产关系和人身关系。

（4）处理本案的关键在于认定内蒙古某地质局与内蒙古某煤炭有限公司之间的纠纷是否属于民事纠纷，即该案件是否属于民法的调整范围。因二者争议的财产系国有资产，而因国有资产分配引发的纠纷，属于政府的行政权力主管范围，不属于民法调整的平等主体之间的人身关系和财产关系范围。根据《最高人民法院关于对因政府调整划转企业国有资产引起的纠纷是否受理问题的批复》的规定，因政府及其所属主管部门在对企业国有资产调整、划转过程中引起相关国有企业之间的纠纷，应由政府或所属国有资产管理部门处理。国有企业作为当事人向人民法院提起民事诉讼的，人民法院不予受理。因此，对于双方不是因为民事法律行为所引发的争议，不属于民法的调整范围。

（三）处理结果

法院经审理认为：本案纠纷系因国有资产引发的争议，其不属于民法调整的社会关系范围，应当由有权的政府处理，因此裁定驳回起诉。

第二章
民法的基本原则

【知识串讲】

民法的基本原则指贯穿整个民事法律制度和民事规范始终的根本原则，是指导民事立法、司法、守法和进行民事活动的具有普遍指导意义的基本行为准则。

特点：根本性、统率性、抽象性——不具体规定某一项制度或规范，而是对本质和规律运用抽象方式加以反映；具有非规范性、强行性。

《民法总则》确定了以下原则：

（1）平等原则：民事主体在民事活动中的法律地位一律平等；

（2）自愿原则：民事主体从事民事活动，应当遵循自愿原则，按照自己的意思设立、变更、终止民事法律关系。

（3）公平原则：民事主体从事民事活动，应当遵循公平原则，合理确定各方的权利和义务。

（4）诚信原则：民事主体从事民事活动，应当遵循诚信原则，秉持诚实，恪守承诺。

（5）公序良俗原则：民事主体从事民事活动，不得违反法律，不得违背公序良俗。

（6）绿色原则：民事主体从事民事活动，应当有利于节约资源、保护生态环境。

（7）优先适用特别法原则：其他法律对民事关系有特别规定的，依照其规定。

第一节　民法基本原则的适用

【案例　商标侵权案件中蕴含的民法基本原则】

（一）案情摘要

原告：内蒙古某市酒厂

被告：内蒙古赤峰市某县钟情酒业有限公司

原告内蒙古某市酒厂于 2017 年 2 月 9 日，在国家商标局核准注册了老驴商标一枚，用于本厂生产的白酒。此酒的瓶贴装潢上，除印有老驴的注册商标外，还印有"老驴酒"这一特定名称，被告钟情酒业有限公司生产的白酒，注册商标为三角图形钟情牌。被告为与原告争夺市场，拿着带有原告商标标识"老驴"酒的瓶贴装潢到赤峰市某彩印厂，让其把钟情牌注册商标更换为老驴牌注册商标，除老驴的"驴"字更换为"驼"字外，其余均仿照印制。被告将印制好的钟情牌老驼酒瓶贴装潢用于本厂生产的白酒，并大量对外销售。为此，内蒙古某市酒厂以被告侵害其注册商标专用权为由，于 2017 年 11 月向呼和浩特市某区人民法院提起诉讼，请求法院判令被告停止侵害，赔偿损失，后法院作出判决。

（二）相关法理知识及案例评析

（1）所谓民法的基本原则，是指贯穿于整个民事立法，对各项民事法律制度及全部民法规范起统率作用的立法基本精神和指导思想。

（2）民法基本原则的主要特征有：①基本原则贯穿于整个民事立法，对各项民事制度的规定及实施都具有指导作用。②基本原则是由法律具体规定确定下来的。

（3）基本原则的法律效力主要表现在：①民法的基本原则是解释、理解民事法律的依据。②基本原则是从事民事活动的准则。违反基本原则的行为也就是违反民事法律、法规的行为。③基本原则是裁判民事案件的依据。

（4）本案主要涉及的问题是：在法律对某一具体问题尚无具体规定时，法院可否引用民法的基本原则作为判决的法律依据。基本原则的约束力决定了法院可以依基本原则裁判案件。

（三）处理结果

某区人民法院审理认为：被告的行为属于《商标法》第38条第3项所指的侵害注册商标专用权的行为，依照《民法总则》第118条的规定，原告要求停止侵害，赔偿损失，是正当的，应予支持，根据被告的侵权行为，依照《商标法实施细则》第40条的规定，应处以罚款。

一审判决后，被告不服，向市中级人民法院提出上诉。

市中级人民法院二审认为：原审判决把上诉人仿照制作、使用与被上诉人相近似的瓶贴装潢的行为认定为侵害商标专用权，是适用法律不当。但是上诉人的行为不仅违反了《民法总则》第7条规定的民事主体从事民事活动，应当遵循诚实信用原则，秉持诚实，恪守承诺，而且违反了第8条的规定。依照《民法总则》第8条的规定，上诉人的这种行为，还违背了公序良俗，扰乱了社会经济秩序，是不正当的竞争行为，必须予以制止。被上诉人由此遭受的经济损失必须由上诉人赔偿。据此认定，二审法院遂依法改判。

第二节 公平原则

【案例 呼和浩特市某县人大常委会道路交通事故损害赔偿纠纷一案】

（一）案情摘要

呼和浩特市某县人大常委会的车辆交给刘能副主任公务之用，刘副主任离职后，未将车辆交回，交给其儿子刘小能驾驶。2017年10月1日刘小能驾驶车辆将王三三撞死。站在十字路口的交警仅听到一声刺耳的刹车声，事故就发生了，在事故发生之时，无法判断该车辆是否系闯红灯通过。因此，交警部门出具工作说明，明确说明该交通事故无法作出交通事故责任认定。王三三之子王小三及妻子张思思遂将刘小能及某县人大常委会诉至法庭，双方针对事故如何发生产生了争议，但因没有交通责任事故认定书，无法认定交通事故发生之时双方的责任，故法院只能根据民法的原则判决。

（二）相关法理知识及案例评析

民法在规范民事主体的权利、义务与责任的承担上，应体现公平原则，兼顾各方当事人的利益。

民法调整的主要是商品经济关系，公平原则主要是调整商品交换关系中作为法律形式的合同关系的要求，即合同交易公平。

法院在处理民事案件时，法律有明确规定的，按照规定处理就体现了公平原则。在法律规定不具体或无规定、当事人也无约定的情况下，发生重大情事变更的情况时，法官应依公平原则作出裁决。

在交通责任事故的损害赔偿案件中，通常法院会根据公安交通管理部门作出的交通责任事故认定书，来认定双方的责任。但如果因客观原因导致公安交通部门无法作出交通事故责任认定，法院只能根据双方提供的证据来判断双方的责任。

如通过双方的证据，仍不能判断双方责任的，法院的最后裁判方式就是根据公平原则，兼顾各方当事人的利益。

（三）处理结果

最后法院根据公平原则，认定刘小能和王三三承担本次事故的同等责任，呼和浩特市某县人大常委会因未尽到车辆的管理职责，未缴纳车辆交强险存在过错，因此在交强险限额内承担赔偿责任。

第三节 公序良俗原则

【案例一 以赌博为租房目的所达成的租房协议】

（一）案情摘要

张三在呼和浩特市零公里有房屋一间，面积约 30.2 平方米。由于地处比较偏僻，此地商贸活动不发达。张三多次欲出租此房，均因租金问题而未能与客户达成协议。2017 年 7 月，经朋友介绍，李四前来张三处洽谈租房之事。张三向李四询问租房用途时，李四说给大家寻找一个刺激的地方，不在乎租金，图的是个安全，省得大家赌兴正浓时被警察给端了。张三对李四租房没有异议，但一再声明，用作赌博场地自己有风险，因此租金方面应充分将这一因素考虑进去。经协商，双方达成一致，并缔结租赁协议：（1）张三将其零公里的房屋一间租给李四；（2）月租金为 100 元/平方米，房屋面积按 50 平方米计算，每月租金为 5000 元，每月 27 日交付；（3）租房用途即李四开办游戏厅，内设游戏机 30 台，开办游戏厅的一切责任由李四负担，与张三无关；（4）李四不得对房屋进行破坏性装修。李四如约交付了 2017 年 8 月、9 月的租金，以后再未交付。2017 年 12 月李四因利用开游戏厅之名为赌博提供场所而被公安机关拘留，其所开办游戏厅中的 20 台游戏机被没收。张三多次向李四索要 10 月至 12 月的租金，李四对此置之不理。张三遂于 2018 年 1 月 5 日起诉到呼和浩特市新城区人民法院，请求法院判令李四给付 3 个月的租金共计 15 000 元。

（二）相关法理知识及案例评析

我国《民法总则》第 8 条规定："民事主体从事民事活动，不得违反法律，不得违背公序良俗。"通常认为，公序良俗是公共秩序与善良风俗的简称。前者指与社会公共利益有关的社会秩序，包括经济秩序等；后者指社会公认的、良好的道德准则和风俗，包括社会公德、良好风尚等。

公序良俗原则是对私法自治的限制。私法自治是指在私法领域，民事主体可以自主自愿地依照自己的意思设立、变更、终止民事法律关系，这体现了当事人的行为自由。但任何自由都不是无限的，公序良俗原则就是法律上对私法自治的限制。按照这一原则，当事人自愿实施的行为也不得违反社会秩序和社会公德。因此，公序良俗原则在司法实务当中能够发挥弥补法律规定不足的作用。

此案涉及两个法律问题：张三与李四之间的租房协议是否有效以及张三的诉讼请求能否得到法院的支持。

（1）张三与李四之间的租房协议是无效的。因为这份协议违反了"民事主体从事民事活动，不得违反法律、不得违背公序良俗"这一原则。本案中，虽然张三与李四都是完全民事行为能力人，都有缔约能力和履约能力，而且协议的内容和形式也都符合法律规定，从主体资格、形式要件、意思表示的真实性方面看，这份协议都没问题，所以协议本身并不违背法律。但是在缔约过程中，张三已了解到李四租房的目的在于为他人提供赌博场所赚钱，但张三为追求高额租金，仍将房屋出租给了李四。赌博为我国法律所禁止，为赌博提供场所同样危害社会，有损公序良俗。正是由于房屋用途具有违法性这一点，决定了张三与李四之间的租房协议是无效的。

（2）由于协议是无效的，所以协议中有关租金条款的约定也就不具有法律上的拘束力，法院应该驳回张三的诉讼请求。法院应将张三已收取的2个月的房租和约定支付的10月至12月的租金视为违法所得，予以追缴，收归国家。

（三）处理结果

法院以租赁协议违反法律、违背公序良俗为由认定租赁协议无效，原告张三基于该无效的租赁协议要求李四支付租金等请求，不应当予以支持，遂判决驳回了原告张三的诉讼请求。

【案例二　违反公序良俗的遗嘱】

（一）案情摘要

现年60岁的张三（女）与呼和浩特市新城区某厂职工李四（男）于1980年6月经恋爱登记结婚。二人收养一子（王五，现年31岁，已成家另过）以养儿防老。2000年7月，张三因继承父母遗产取得呼和浩特市赛罕区大台村2号房屋所有权。2010年，因城市建设，该房屋被拆迁，由拆迁单位将位于赛罕区南二环路某小区的100平方米的住房一套作为拆迁安置补偿给了张三。2011年，李四与比他小近30岁的王二麻子相识后，二人便一直在外同居。2014年6月，李四与张三将张三继承所得的南二环路房产，以50万元的价格出售给赵六。李四、张三夫妇将售房款中的30万元赠予其养子王五在外购买商品房。李四因患肝癌病晚期住院治疗。李四于 2017 年 10 月 18 日立下书面遗嘱，将其所得住房补贴金、公积金、抚恤金和南二环路住房所获款的一半 25 万元及自己所用的手机一部，总额 30 万元的财产赠予王二麻子所有。公证处对该遗嘱出具了公证书。李四因病去世。李四的遗体火化前，王二麻子公开当着原配张三的面宣布了李四留下的遗嘱。后王二麻子以张三侵害其财产权为由诉讼至法院。

（二）相关法理知识及案例评析

《民法总则》第 8 条规定："民事主体从事民事活动，不得违反法律，不得违背公序良俗。"本案中李四与被告张三系结婚多年的夫妻，应相互扶助、互相忠实、互相尊重。但在本案中，遗赠人从 2011 年认识原告王二麻子后，长期与其非法同居，是一种违法行为。遗赠人李四基于与原告王二麻子的非法同居关系而立下遗嘱，是一种违反公序良俗的行为。从另一个角度讲，本案被告张三在遗赠人李四患肝癌晚期住院直至去世期间，一直对其护理照顾，履行了夫妻扶助的义务，遗赠人李四却无视法律规定，违背社会公德，漠视结发夫妻的忠实与扶助，将财产赠与其非法同居的原告王二麻子，实际上损害了被告张三合法的财产继承权，破坏了社会风气。

遗赠人李四的遗赠行为违反了法律的原则和精神，违背了公序良俗，应属无效行为。

本案属遗赠纠纷。遗赠是自然人以遗嘱的方式将个人合法财产的一部分或全部赠给国家、集体或法定继承人以外的其他人。遗赠行为成立的前提是遗嘱，而遗嘱是立遗嘱人生前在法律允许的范围内，按照法律的方式处分自己的财产及其他财物。本案中遗赠人李四立遗嘱时虽具完全行为能力，遗嘱也系其真实意思表示，但遗嘱的内容却违反法律和公序良俗。

遗赠人李四对售房款的处理违背客观事实。南二环路住房为夫妻共同财产。但该房以 50 万元的价格出售，李四生前是明知的，且该 50 万元售房款还缴纳了有关税费，李四与张三共同将该售房款中的 30 万元赠与其子王五，实际上已经没有 50 万元。

遗赠人李四在立遗嘱时，仍以不存在的 50 万元的一半进行遗赠，显然违背了客观事实。其次，遗赠人李四的遗赠行为，剥夺了张三享有的合法财产继承权。李四与张三的婚姻关系受法律的保护，"夫妻有互相继承遗产的权利"。夫妻间的继承权，是婚姻效力的一种具体表现，但李四将财产赠与和其非法同居的王二麻子，实质上剥夺了其妻张三的合法财产继承权。因此，遗赠人李四所立书面遗嘱，因其内容和目的违反法律和社会公共利益，应属无效遗嘱，其遗赠行为自然无效。

公序良俗原则作为现代民法的一项基本原则，充分体现了国家、民族、社会的基本利益要求，反映了当代社会中占据主流思想的一般道德标准，是社会道德规范的法律化。"公序良俗"原则所包括的"社会公德"或"社会公共利益"，又可称作"公共秩序"和"善良风俗"，两者的概念基本一致。并非一切违反伦理道德的行为都是违反社会公德或社会公共利益的行为，但违反已从道德要求上升为具体法律禁止性规定所体现的，维持现行社会秩序所必需的社会基本道德观念的行为，则属于违反社会公德或社会公共利益的行为，应属无效民事行为。

本案中，李四无视夫妻感情和道德规范，与王二麻子长期违法同居，其行为既违背了我国现行社会道德标准，又违反了《婚姻法》第 3 条"禁止有配偶者与他人同居"的法律规定。李四基于其与王二麻子的非法同居关系而订立遗嘱，以不合法形式变相剥夺了张三的合法财产继承权。因此，遗赠人李四的遗赠行为，应属无效民事行为，从行为开始就没有法律约束力。

（三）审理结果

人民法院经审理认为，遗赠人李四患肝癌晚期时立下书面遗嘱，将其财产赠与王二麻子，并经公证处公证，该遗嘱形式上是遗赠人李四的真实意思表示，但在实质赠与财产的内容上存在违法。

位于南二环路的住房一套，应为夫妻共同财产。张三将该房以50万元的价格卖给赵六，该50万元售房款还应扣除房屋交易时张三承担的税费，实际售房款不足50万元。此外，李四、张三夫妇将售房款中的30万元赠与其养子王五在外购买商品房。公证处在未查明事实的情况下，便对其遗嘱进行了公证显属不当。且因该遗嘱将财产赠予非法同居的王二麻子，系内容和目的违反法律和社会公共利益的行为，应属无效遗嘱，故其遗赠行为自然无效。据此，法院依照《民法总则》第8条的规定，判决驳回原告的诉讼请求。

第三章
民事法律关系

【知识串讲】

1. 民事法律关系的概念

民事法律关系指基于民事法律事实，由民事法律规范调整而在平等民事主体之间形成的民事权利和民事义务关系。民事法律关系：①是由民事法律规范所调整的社会关系；②基于民事法律事实而形成的社会关系；③以民事权利为核心内容的社会关系；④由国家强制力保证实施的社会关系。

2. 特征

平等性、自治性（意思自治方面）、补偿性（即发生民事责任后，多以补偿被损害方所遭受的损失方式来承担责任）。

3. 构成

民事法律关系，由主体、客体、内容三个要素构成。

（1）主体：民事法律关系的主体，简称民事主体，是指参加民事法律关系，享有民事权利和承担民事义务的人。在我国民法上，当事人主要指自然人和法人，还包括不具有法人资格的非法人组织。另外，在一定的范围内，国家也是民事主体。

（2）客体：民事法律关系的客体，是指民事法律关系的主体享有的民事权利和负有的民事义务所共同指向的事物。客体种类有：物——物权法律关系；行为——债权法律关系；智力成果——知识产权法律关系；人身利益——人身权法律关系。

（3）内容：民事法律关系的内容，是指民事法律关系的主体所享有的民事权利和负有的民事义务。民事义务包括法定及约定义务。不同的法律关系，其内容也不同。

【案例　保险就万事大吉了吗?】

（一）案情摘要

农村个体户张三盖了新房子，买了新家具，此时村里推行家庭财产保险制度，张三遂买了2万元的家庭财产保险。

2017年春节期间，邻居家放爆竹，不慎将屋后的柴草引着，大火烧着了张三的新房。此时张三正在朋友家喝酒，得知自家着火的情况后，不仅不去救火，反而说：已保险，房子烧光了，保险公司得赔偿，正好重新盖房。由于张三对救火不积极，妻子和孩子只抢出了一台彩电和大部分衣服杂物，房屋家具全部被烧毁。张三向保险公司索赔，保险公司拒绝赔偿，2018年3月张三将保险公司诉至法院，要求赔偿。

（二）相关法理知识及案例评析

（1）民事法律关系的内容是指民事法律关系主体所享有的民事权利和承担的民事义务。

（2）法律上抽象的概括。民事权利包括：①权利人依法直接享有某种利益，或者实施某种行为的权利；②权利人可以请求义务人为一定行为或不为一定行为，以保证其享有或实现某种利益的权利；③权利人在其权利受到侵犯时，有权请求有关国家机关予以保护。民事义务包括：①义务人必须依据法律的规定或合同的约定，为一事实上行为或不为一定行为，以满足权利人的利益；②义务人必须履行其义务，否则要依法承担民事责任。

（3）从保险合同中看权利与义务的关系。保险是一种合同法律关系，当事人的权利和义务是相互联系、相互制约、相互适应、同时并存的。张三享有遭受火灾时要求赔偿的权利，保险公司承担赔偿义务，两者之间都是以对方的存在作为自己存在的条件的。同时，保险公司享有要求张三作为投保人履行施救义务的权利。此时，张三就又成了义务主体。我们判断一个民事法律关系是公平的、互利的，还是属于欺诈的、显失公平的，也主要是从民事法律关系所确定的双方的权利和义务来观察的。投保人与保险人在保险合同成立后，均须各自承担义务，以便对方得以享受权利。其中加强安全防灾和施救是投保人的重要义务之一。

（4）《保险法》规定在发生保险事故后，投保方有责任采取一切必要措施，避免扩大损失，并将事故发生的情况及时通知保险方。如果投保方没有采取措施，保险方对由此而扩大的损失，有权拒绝赔偿。

（三）处理结果

保险公司答辩认为：由于张三没有履行法律规定的被保险人应承担的防灾防损，特别是积极抢救的义务，所以，在保险公司没有弄清由此扩大的损失数额前，保险公司有权拒绝赔偿。法院支持了保险公司的答辩意见，认定张三应当履行积极抢救的义务而未履行，对于因张三未履行积极抢救义务而导致的扩大性损失，由张三自行承担，又因本案原告张三未能提供证据证明因火灾而导致的损失数额及扩大损失数额，故判决驳回了原告的诉讼请求。

第四章
自然人

第一节　自然人的民事权利能力和民事行为能力

【知识串讲】

（一）自然人的民事权利能力

自然人的民事权利能力是指自然人依法享有民事权利和承担民事义务的资格，具有平等（民法基本原则中平等原则的题中之意）和不可转让性（自然人的民事权利能力只因死亡而消灭，不得转让或抛弃，即使自愿法律也不予承认）。

1. 自然人民事权利能力的开始和终止

（1）开始——始于出生。《民法总则》第 13 条规定："自然人从出生时起到死亡时止，具有民事权利能力，依法享有民事权利，承担民事义务。"

出生时间的确定：户籍证明→医院出生证明→其他证明。《民法总则》第 15 条规定："自然人的出生时间和死亡时间，以出生证明、死亡证明记载的时间为准；没有出生证明、死亡证明的，以户籍登记或者其他有效身份登记记载的时间为准。有其他证据足以推翻以上记载时间的，以该证据证明的时间为准。"

关于胎儿权利保护——《民法总则》第16条、《继承法》第28条，是自然人民事权利保护中的例外。

《民法总则》第16条规定："涉及遗产继承、接受赠与等胎儿利益保护的，胎儿视为具有民事权利能力。但是胎儿娩出时为死体的，其民事权利能力自始不存在。"

民事权利能力是自然人享有民事权利的前提条件，对于尚存母体的胎儿，因其尚未出生而不具有民事权利能力，不是民事主体，不能享有民事权利，但《继承法》为了保护胎儿利益，在第28条规定："遗产分割时，应当保留胎儿的继承份额。胎儿出生时是死体的，保留的份额按照法定继承办理。"①胎儿为活体，则应留的遗产属于胎儿，由其母亲监护保管；②胎儿为死体，则原预留遗产份额失去意义，应依法定继承制度处理；③胎儿出生时为活体，但随即死去，则该原预留的遗产份额已经转化为婴儿之财产，依法定继承制度被继承人为婴儿，继承人为其母亲。

（2）终止——终于死亡，包括生理死亡和宣告死亡。①生理死亡——心脏和呼吸均停止为自然人生理死亡；死亡时间以死亡证上记载的死亡时间为准；依《最高人民法院关于贯彻执行〈中华人民共和国继承法〉若干问题的意见》第2条的规定："相互有继承关系的几个人在同一事件中死亡，如不能确定死亡先后时间的，推定没有继承人的人先死亡。死亡人各自有继承人的，如几个死亡人辈分不同，推定长辈先死亡；几个死亡人辈分相同，推定同时死亡，彼此不发生继承，由他们各自的继承人分别继承。"②宣告死亡——通过法定程序确定失踪人死亡，宣告死亡的时间以人民法院宣告死亡的日期为准——只引起自然人民事权利能力的相对终止。

（二）自然人的民事行为能力

自然人能够以自己的行为独立参加民事法律关系，行使民事权利和承担民事义务的资格——成熟的心智+能认识自己行为的意义+能承担自己行为的后果

1. 自然人民事行为能力的划分——按年龄不同和理智是否健全

（1）完全民事行为能力人——能通过自己的行为独立参加民事法律关系，取得民事权利和承担民事义务的人。

条件：年满18周岁的、非不能完全辨认自己行为的成年人或年满16周岁以自己的劳动收入为主要生活来源的劳动者。

注意：智力上要求——智力健全，没有精神障碍。

《民法总则》第17条规定："十八周岁以上的自然人为成年人。不满十八周岁的自然人为未成年人。"第18条规定："成年人为完全民事行为能力人，可以独立实施民事法律行为。十六周岁以上的未成年人，以自己的劳动收入为主要生活来源的，视为完全民事行为能力人。"

（2）限制民事行为能力人——只能实施法律限定的民事行为的人。①年满8周岁而未满18（16）周岁的自然人；②不能完全辨认自己行为的精神病成年人；③其行为效力为有效的有：纯获利益的行为、与其年龄或智力相适应的行为——主要通过其智力或精神状况是否能理解其行为，且能预见行为的后果来判断。

《民法总则》第19条规定："八周岁以上的未成年人为限制民事行为能力人，实施民事法律行为由其法定代理人代理或者经其法定代理人同意、追认，但是可以独立实施纯获利益的民事法律行为或者与其年龄、智力相适应的民事法律行为。"

（3）无民事行为能力人——不能以自己行为取得民事权利

和承担民事义务的人。①不满 8 周岁的未成年人；②完全不能辨认自己行为后果的精神病成年人；③其行为效力为有效的有：纯获利益的行为。

《民法总则》第 20 条规定："不满八周岁的未成年人为无民事行为能力人，由其法定代理人代理实施民事法律行为。"第 21 条规定："不能辨认自己行为的成年人为无民事行为能力人，由其法定代理人代理实施民事法律行为。八周岁以上的未成年人不能辨认自己行为的，适用前款规定。"

【案例　一个初中生的民事行为性质】

（一）案情摘要

张三 14 岁，是呼和浩特市某中学初一学生。一天，在放学回家的路上，张三闲来无事，在路边彩票站买了一张彩票。该彩票号码中奖 1 万元。张三将该中奖消息告诉了其母亲李四，李四遂与张三一同到彩票站兑奖。彩票站将该 1 万元交给了母子二人。

张三提出要求用这 1 万元买一个最新款苹果手机，遭到母亲的拒绝。张三生气后偷偷拿出钱去诚信数码广场买了一台iPhone X。见儿子买回了手机，母亲非常生气，并拿着该手机来到诚信数码广场要求退货，并说明张三是在没有经过父母同意的情况下购买了手机，但遭到了售货员的拒绝。李四无奈向人民法院提起诉讼，要求退还购买手机的钱款并退还手机。

（二）相关法理知识及案例评析

本案涉及的问题主要是本案奖金究竟应归谁所有？张三购买电脑的行为有法律效力吗？其父母能否要求退货？

把握本案的关键是要弄清自然人的民事权利能力和民事行为能力这两个概念。

自然人的民事权利能力是法律赋予自然人享有民事权利，承担民事义务的资格。《民法总则》第13条规定："自然人从出生时起到死亡时止，具有民事权利能力，依法享有民事权利，承担民事义务。"民事行为能力是指自然人能够通过自己的行为独立行使权利，履行义务的能力。自然人要独立进行民事活动，不仅要有民事权利能力，还要有民事行为能力。

《民法总则》第19条规定，八周岁以上的未成年人是限制行为能力人。张三14岁，所以张三是限制行为能力人。无民事行为能力人或限制民事行为能力人虽然不能或不完全能以自己的行为承担民事义务，取得民事权利，但根据《民法总则》第19条的规定，他们进行的纯粹取得民事权利、不损害他人的行为是有效的。

《民法总则》第19条又规定对于八周岁以上的未成年人为限制民事行为能力人，可以独立实施与其年龄、智力相适应的民事法律行为。用1万元买一台手机，这个标的对于一个14岁的中学生来说数额已经很大；而且张三是在生气的情况下实施该行为的，他不可能完全理解这种行为的后果，其又没有征得父母的同意。所以张三购买手机的行为不具有任何法律效力。店员把昂贵的手机卖给一名14岁的学生，在这个买卖关系中不能说是没有过错的，张三的父母有权要求退掉手机。

（三）处理结果

法院以张三系限制民事行为能力人为由，认定张三可以为接受奖励、赠予、报酬的行为以及与他的年龄、智力相适应的民事活动。因本案涉及的买卖合同标的较大，应由他的法定代理人代理，或者征得他的法定代理人的同意。卖方在应当知道张三系限制民事行为能力人的情况下，仍将该合同标的出售给张三，存在过错。遂判决买卖合同无效，被告应当将购买手机的钱款退还给张三，张三应当将手机退还给被告。

第二节 监 护

【知识串讲】

（一）监护的概念

监护是对未成年人以及不能或不能完全辨认自己行为的成年人的人身、财产及其他合法权益进行监督和保护的民事法律制度。履行监督和保护职责的人，称为监护人；被监督、保护的人，称为被监护人。目的在于保护未成年人及不能或不能完全辨认自身行为的成年人的合法权益，维护社会秩序的稳定，弥补被监护人行为能力之不足。

（二）监护人的分类

1. 法定监护

法定监护，即监护人的范围和顺序由法律直接规定。可以由一人或多人担任。

《民法总则》第 27 条规定："父母是未成年子女的监护人。未成年人的父母已经死亡或者没有监护能力的，由下列有监护能力的人按顺序担任监护人：（一）祖父母、外祖父母；（二）兄、姐；（三）其他愿意担任监护人的个人或者组织，但是须经未成年人住所地的居民委员会、村民委员会或者民政部门同意。"

《民法总则》第 28 条规定："无民事行为能力或者限制民事行为能力的成年人，由下列有监护能力的人按顺序担任监护人：（一）配偶；（二）父母、子女；（三）其他近亲属；（四）其他愿意担任监护人的个人或者组织，但是须经被监护人住所地的居民委员会、村民委员会或者民政部门同意。"

2. 指定监护

指定监护，包括了遗嘱指定监护人和对监护人有争议时的指定监护，即当具有法定监护资格的人之间对担任监护人有争议，由监护权力机关（被监护人住所地的居民委员会、村民委员会或者民政部门）在有法定监护资格的人中指定出监护人。

《民法总则》第 29 条规定："被监护人的父母担任监护人的，可以通过遗嘱指定监护人。"

《民法总则》第 31 条第 1 款规定："对监护人的确定有争议的，由被监护人住所地的居民委员会、村民委员会或者民政部门指定监护人，有关当事人对指定不服的，可以向人民法院申请指定监护人；有关当事人也可以直接向人民法院申请指定监护人。"

第 2 款规定："居民委员会、村民委员会、民政部门或者人民法院应当尊重被监护人的真实意愿，按照最有利于被监护人的原则在依法具有监护资格的人中指定监护人。"

依照本条第 1 款规定指定监护人前，被监护人的人身权利、财产权利以及其他合法权益处于无人保护状态的，由被监护人住所地的居民委员会、村民委员会、法律规定的有关组织或者民政部门担任临时监护人。监护人被指定后，不得擅自变更；擅自变更的，不免除被指定的监护人的责任。

3. 协议监护

协议监护，由协议设立的监护人，为意定监护，但必须是当事人意思自治的结果。

《民法总则》第 30 条规定："依法具有监护资格的人之间可以协议确定监护人。协议确定监护人应当尊重被监护人的真实意愿。"

（三）监护人的设立

1. 为未成年人设立监护人有顺序限制

（1）父母为未成年人的当然法定监护人。

（2）除父母之外的未成年子女的法定监护人。未成年子女的父母双亡或丧失监护能力或被取消监护人资格的，由下列有监护能力的人担任监护人：①祖父母、外祖父母；②成年兄、姐。

（3）未成年人的其他亲属、朋友担任监护人。他们担任监护人除应具有监护能力外，还应具备两个条件：一是他们愿意担任监护人，二是应得到未成年人住所地的居民委员会或村民委员会或民政部门的同意。

（4）协议确定未成年人的监护人。

（5）指定未成年人的监护人。指定未成年人的监护人是指定未成年人父母之外的近亲属担任监护人。指定未成年人的监护人在两种情况下发生，一是争当未成年人的监护人，二是都不愿担任监护人。为未成年人指定监护人有两种，一种是有关组织指定，另一种是人民法院指定。有关组织的指定是人民法院指定的必经程序。指定时应遵循对未成年人有利的原则，同时应按顺序。

（6）有关组织担任未成年人的监护人。

（7）未成年人的监护人的变更：指当监护人死亡、丧失监护能力、不履行监护职责时。

2. 不能完全辨认自己行为的成年人的法定监护人

（1）不能完全辨认自己行为的成年人的法定监护人的范围是：①配偶；②父母、成年子女；③其他近亲属；④其他愿意担任监护人的个人或者组织，但是须经被监护人住所地的居民委员会、村民委员会或者民政部门同意。

（2）当担任不能完全辨认自己行为的成年人的监护人有争议时，由不能完全辨认自己行为的成年人住所地的居民委员会、村民委员会或者民政部门从近亲属中指定监护人。

（3）依法具有监护资格的人或者有关组织担任不能完全辨认自己行为的成年人的监护人。

（四）监护人的职责

①保护被监护人的身体健康；②照顾被监护人的生活；③对被监护人进行管理和教育；④保护和管理被监护人的财产；⑤代理被监护人进行民事活动；⑥代理被监护人进行诉讼；⑦监护人应当承担民事责任。

（五）监护的终止

①被监护人获得完全民事行为能力。②监护人或被监护人一方死亡，由于主体的缺失导致监护当然终止。③监护人丧失民事行为能力，监护人应是完全民事行为能力人。④监护人辞去监护。⑤监护人被撤销监护人资格。

【案例　谁是我的监护人】

（一）案情摘要

张三是包头市某公司的一名退休职工，现年70岁，其妻子已于多年前去世。张三有一独生子，名叫张小三，40岁，患精神病已达20年之久，始终由其父张三抚养。2015年3月，张三因心脏病突发死亡。张三没有其他近亲属，其他亲属和关系密切的朋友也不愿做张三的监护人，张三住所地居民委员会和民政部门均以"放弃监护的权利"为名相互推诿。在该案中张小三到底应当由谁来负责治疗与抚养？

（二）相关法理知识及案例评析

因为张小三是不能完全辨认自己行为的成年人，不能完全辨认自己行为的成年人是无民事行为能力人或者限制民事行为能力人，《民法总则》第 28 条、第 31 条明确规定了不能完全辨认自己行为的成年人的监护制度。

本案中，张小三没有配偶、父母双亡，没有其他近亲属、没有愿意担任监护人的个人或者组织，所以只能按照第 31 条的规定指定监护人，应由张小三住所地的居民委员会或者民政部门担任监护人。张小三多年来一直由父母抚养，并未独立，他的住所地也就是张三的住所地，故而张三住所地的居民委员会或者民政部门以"放弃监护的权利"为名推脱监护责任，不符合法律规定。

（三）处理结果

法院根据《民法总则》第 32 条的规定，指定张小三应由其住所地的居民委员会担任监护人，负责张小三的治疗和抚养。

第三节　宣告失踪和宣告死亡

【知识串讲】

（一）宣告失踪

宣告失踪，是指自然人下落不明达到法定期限，经利害关系人申请，由法院宣告其为失踪人的民事法律制度。

1. 条件

从其失去音讯之日起计算下落不明满 2 年的。

2. 法律后果

出现财产代管人。《民法总则》第 42 条规定："失踪人的财产由其配偶、成年子女、父母或者其他愿意担任财产代管人的人代管。代管有争议，没有前款规定的人，或者前款规定的人无代管能力的，由人民法院指定的人代管。"

3. 财产代管人的义务

《民法总则》第 43 条规定："财产代管人应当妥善管理失踪人的财产，维护其财产权益。失踪人所欠税款、债务和应付的其他费用，由财产代管人从失踪人的财产中支付。财产代管人因故意或者重大过失造成失踪人财产损失的，应当承担赔偿责任。"

《民法总则》第 44 条规定："财产代管人不履行代管职责、侵害失踪人财产权益或者丧失代管能力的，失踪人的利害关系人可以向人民法院申请变更财产代管人。财产代管人有正当理由的，可以向人民法院申请变更财产代管人。人民法院变更财产代管人的，变更后的财产代管人有权要求原财产代管人及时移交有关财产并报告财产代管情况。"

4. 失踪人重新出现

《民法总则》第 45 条规定："失踪人重新出现，经本人或者利害关系人申请，人民法院应当撤销失踪宣告。失踪人重新出现，有权要求财产代管人及时移交有关财产并报告财产代管情况。"

（二）宣告死亡

宣告死亡，是指自然人离开自己住所，下落不明达到法定期间，经利害关系人申请，由法院宣告其死亡的制度，旨在结束被宣告死亡人财产关系和人身关系的不确定状态。

1. 条件

①下落不明满 4 年的；②因意外事故下落不明，从事故发生之日起满 2 年的；③因意外事件下落不明，经有关机关证明该自然人不可能生存的，申请宣告死亡不受 2 年时间的限制。

宣告死亡和生理死亡时间不一致的，被宣告死亡所引起的法律后果应当有效，其生理死亡前实施的民事法律行为与被宣告死亡引起的法律后果相抵触的，则以实施的民事法律行为为准。

2. 宣告死亡的后果

①被宣告死亡人丧失民事主体资格；②婚姻关系自然解除；③个人合法财产变为遗产开始发生继承。

3. 死亡宣告被撤销的效力

（1）婚姻：被宣告死亡的人与配偶的婚姻关系，自死亡宣告之日起消灭。死亡宣告被法院撤销后，如果配偶尚未再婚的，夫妻关系从撤销死亡宣告之日起自行恢复；如果其配偶再婚或者向婚姻登记机关书面声明不愿意恢复的，则不得认定夫妻关系自行恢复。

《民法总则》第 51 条规定："被宣告死亡的人的婚姻关系，自死亡宣告之日起消灭。死亡宣告被撤销的，婚姻关系自撤销死亡宣告之日起自行恢复，但是其配偶再婚或者向婚姻登记机关书面声明不愿意恢复的除外。"

（2）收养：被宣告死亡的人在被宣告死亡期间，其子女被他人依法收养，被宣告死亡的人在死亡宣告撤销后，仅以未经本人同意而主张收养关系无效的，不予支持。

《民法总则》第 52 条规定："被宣告死亡的人在被宣告死亡期间，其子女被他人依法收养的，在死亡宣告被撤销后，不得以未经本人同意为由主张收养关系无效。"

（3）继承：被撤销死亡宣告的人有权请求返还财产。依照继承法取得其财产的自然人或组织，应当返还原物，如原物不在的，给予适当补偿；原物已被第三人合法取得的，第三人可不予返还。

（4）赔偿损失：利害关系人隐瞒真实情况使他人被宣告死亡而取得其财产的，除应返还原物及孳息外，还应对造成的损失予以赔偿。

《民法总则》第 53 条规定："被撤销死亡宣告的人有权请求依照继承法取得其财产的民事主体返还财产。无法返还的，应当给予适当补偿。"

利害关系人隐瞒真实情况，致使他人被宣告死亡取得其财产的，除应当返还财产外，还应当对由此造成的损失承担赔偿责任。

【案例 一场因失踪引发的争议】

（一）案情摘要

张三于 2009 年 5 月 7 日从其家中出走，此后杳无音信。（实际在外地做生意）。他的家人到处寻找四年有余，仍无下落。于是，在 2013 年 6 月，其妻李四向呼和浩特市回民区人民法院提出申请，要求宣告张三死亡。人民法院受理此案后发出了寻找失踪人张三的公告，过了一年的公告期仍无任何结果，便于 2014 年 7 月 5 日判决宣告张三死亡。之后，张三的父母及配偶李四、儿子张小三对张三的财产进行了分割与继承。同年 10 月，张小三被呼和浩特市市民王五收养，成为王五的家庭成员。11 月，李四同王二麻子结婚，并将自己的全部财产连同继承张三的财产一并带到王二麻子家中。2015 年 8 月，王二麻子在一次意外事故中死亡，李四又变成了孤身一人，并且没有再婚。2016 年 8 月，李四因生活所迫，将继承张三的部分财产卖给了邻居赵六。2018 年 1 月 5 日，张三突然从外地回到家中，向呼和浩特市回民区人民法院提出申请要求撤销对他的死亡宣告，恢复与李四的夫妻关系及张小三的父子关系，同时要求返还其个人财产。

（二）相关法理知识及案例评析

此案涉及三个问题：①张三与李四的夫妻关系能否自行恢

复？②张三与张小三的父子关系能否自行恢复？③张三要求返还其个人财产的主张能否得到实现？

本案涉及的主要是撤销死亡宣告后所引起的法律后果问题。宣告死亡是指自然人下落不明满 4 年（因意外事故下落不明，从事故发生之日起满 2 年的）经利害关系人申请，由人民法院依法宣告其死亡的法律制度。被宣告死亡的人重新出现或确知他没有死亡，经本人或利害关系人申请，人民法院应当撤销对他的死亡宣告。根据《民法总则》第 51 条、第 52 条、第 53 条的规定，死亡宣告被撤销后，产生以下法律后果：①有民事行为能力的人在被宣告死亡期间实施的民事法律行为有效；②死亡宣告被人民法院撤销，如果其配偶尚未再婚的，夫妻关系从撤销死亡宣告之日起自行恢复；如果其配偶再婚后又离婚或者再婚后配偶又死亡的，则不得认定夫妻关系自行恢复，要恢复夫妻关系，必须办理复婚手续；③被宣告死亡的人在被宣告死亡期间，其子女被他人依法收养，被宣告死亡的人在死亡宣告被撤销后，仅以未经本人同意而主张收养关系无效的，不应准许；④被撤销死亡宣告的人有权请求返还财产。但原物已被第三人合法取得，第三人可不予返还。依照继承法取得他的财产的自然人或者组织，应当返还原物；如果原物已不存在，则应给予适当补偿；⑤利害关系人隐瞒真实情况使他人被宣告死亡而取得其财产的，除应返还原物及孳息外，还应对他人造成的损失予以赔偿。本案应根据以上这些法律规定作出处理。

（三）处理结果

法院经过审理后认为因李四已经再婚，再婚后配偶又死亡，不能认定夫妻关系自行恢复，要恢复夫妻关系，必须办理复婚手续；因为张三的理由只是未经其本人同意，故不可自行恢复与张小三的父子关系。邻居赵六在购买李四出卖的财产时，属于善意的第三人，且已经交付，故该财产不予返还，对于张三的父母、李四和张小三依继承所获得的财产，如果现存的，应当予以返还，不存在的或已经出卖的，应当给予张三适当补偿。

根据以上作出如下判决：①张三与李四的夫妻关系不能自行恢复，需办理复婚手续方可恢复。②张三与张小三的父子关系（指法律上的权利义务关系）不能自行恢复。③赵六购买的李四的财产可不予返还。但张三的父母、李四、王小三依照继承法取得的财产均应返还给张三，因部分财产已经出卖给赵六，李四应当给予张三适当补偿。

第四节　个体工商户和农村承包经营户

【知识串讲】

（一）个体工商户

（1）概念：自然人在法律允许的范围内，依法经核准登记，从事工商业经营的，为个体工商户。

（2）特点：个人或家庭占有生产资料从事工商业经营；须登记，领取营业执照；在法律允许的范围内活动。

（3）法律地位：一种观点认为属自然人的特殊形式；一种观点认为属非法人组织。

（4）责任承担：个人经营的，以全部个人财产承担无限责任；以家庭经营的，以家庭共有财产承担责任；无法区分的，以家庭财产承担，如虽以个人名义经营，但以家庭财产投资或收益由家庭成员享有，则以家庭财产承担清偿责任。

（二）农村承包经营户

（1）概念：农村集体经济组织的成员，依法取得农村土地承包经营权，从事家庭承包经营的，为农村承包经营户。

（2）特点：农村承包经营户以自己的名义独立为民事法律行为。农村承包经营户不论以个人经营还是家庭经营，都必须以户的名义独立参加民事法律关系，取得民事权利，承担民事义务。

（3）责任承担：农村承包经营户的债务，以从事农村土地承包经营的农户承担；事实上由农户部分成员经营的，以该部分成员的财产承担。

【案例　谁应该承担责任？】

（一）案情摘要

原告：王五

被告：张三、李四、张三父母

2012年，张三高中毕业后没能考上大学，在其父母的鼓动和帮助下，回老家乌兰察布市集宁开始筹办一家个体皮装厂。其父母帮助张三与集宁某工厂签订了房屋租赁合同，约定租期自2011年1月1日到2018年1月1日，每月租金5000元。合同签订后，张三很快办起了皮装厂，并经工商行政管理部门核准登记，以自己的名义领取了个体工商户的营业执照。

2016年5月，张三与李四结婚。张三在婚前已有10万元存款，结婚后将这笔存款带到了李四家。由于李四有固定的工作，在集宁某房地产公司上班，并未参加皮装厂的日常经营管理，只是偶尔到皮装厂帮忙。另外，张三的父母也经常帮忙，代其卖货、收款等，但是，张三开店所得收入都由张三与李四夫妇享用，其父母并未分享其收入。

2017年1月，张三向王五借了10万元钱，加上自己的10万元，购进了一批皮草原料。未料当年皮草市场不好，虽经努力销售，最后只收回5万多元。这样，张三欠王五债务5万元。

2017年4月，张三关闭了皮衣厂。王五要求张三还债，张三表示已无钱可还，但王五发现，李四尚有3万元存款；另外，其父母均参加了经营，也必须承担责任，也可以以其父母的财产清偿债务，遂于2017年10月8日诉至法院。

（二）相关法理知识及案例评析

我国《民法总则》第56条第1款规定："个体工商户的债务，个人经营的，以个人财产承担；家庭经营的，以家庭财产承担；无法区分的，以家庭财产承担。"

判断是个人投资还是家庭投资，应审查两方面：一是投入个体工商户的财产是个人财产还是家庭财产；二是个体工商户经营中的收益是仅用于经营者个人享用，还是用于家庭共同享用。

《最高人民法院关于适用〈中华人民共和国婚姻法〉若干问题的解释（二）》第24条规定："债权人就婚姻关系存续期间夫妻一方以个人名义所负债务主张权利的，应当按夫妻共同债务处理。但夫妻一方能够证明债权人与债务人明确约定为个人债务，或者能够证明属于婚姻法第十九条第三款规定情形的除外。"《婚姻法》第19条第3款规定："夫妻对婚姻关系存续期间所得的财产约定归各自所有的，夫或妻一方对外所负的债务，第三人知道该约定的，以夫或妻一方所有的财产清偿。"张三借王五的钱，虽是以个人名义借款，但用途是用于个体工商户的经营，且经营所得的收入属于夫妻共有财产，且已用于共同生活，故应属共同债务。除非李四能够举证证明该借款没有用于共同生活，或举证王五知道张三和李四采取的是财产分别制，否则对张三个体经营期间的债务，应当由夫妻共同承担。

（三）处理结果

法院经审理认为：张三的父母不应该承担责任，因为他们并未获得张三经营皮装厂的营利。但李四作为张三之妻，应当以其存款承担夫妻共同债务。遂根据《民法总则》第 56 条，判决用李四在银行的存款来偿还张三所欠的债务。

第五章
法 人

【知识串讲】

（一）法人的概述

1. 概念

法人，是指具有民事权利能力和民事行为能力，依法独立享有民事权利和承担民事义务的组织。

2. 特征

（1）法人是社会组织。它与自然人不同，它不是作为有血有肉的生物存在，而是作为组织体存在。

（2）法人是依法成立的社会组织。依法成立，是一定的社会组织能够成为民事主体的基本前提。

（3）法人是具有民事权利能力和民事行为能力的社会组织。

（4）法人是依法能够独立享有权利和承担民事义务的组织。法人的独立责任，是指法人在违反义务而对外承担责任时，其责任范围应当以其拥有或经营管理的财产为限，法人的成员和其他人不对此承担责任。

3. 成立条件

①依法成立；②有必要的财产或经费；③有自己的名称、组织和场所；④能够独立承担民事责任。

（二）法人的分类

《民法总则》以是否营利为标准，法人可分为营利法人和非营利法人；营利法人是指以取得经济利益并分配给其成员为目的的社团法人，营利法人包括有限责任公司、股份有限公司和其他企业法人等；非营利法人是指非以营利为目的的社团法人，也即这种法人组织的宗旨不是为取得经济利益并分配给其成员，而是为了社会公益或者非营利目的，非营利法人包括事业单位、社会团体、基金会、社会服务机构等，如中国法学会。需要注意的是，这里所谓的营利并不等同于赚钱，而是指法人不仅其目的事业性质上为经济行为，且须将其所得利益分配给成员。也就是说，法人是否营利，关键不在法人是否从事经营活动和谋取经济利益，而在其所获利益之归属。

法人除了营利法人和非营利法人外，还有特别法人，即机关法人、农村集体经济组织法人、城镇农村的合作经济组织法人和基层群众性自治组织法人。

（三）法人的民事权利能力与民事行为能力

1. 民事权利能力

（1）起始时间：从法人成立时产生，到法人终止时消灭。

（2）范围：①性质上限制：不得享有专属于自然人的权利；②目的上的限制：法人民事权利能力受法人目的的限制；③法律法规的限制。

2. 民事行为能力

①起始时间与其民事权利能力的起始时间相同；②范围与其民事权利能力的范围相同；③实现方式：法人的民事行为能力以团体意思为前提，一般通过法人代表来实现。

3. 法人的民事责任

法人以其全部财产独立承担民事责任。法人可以依法设立分支机构。分支机构以自己的名义从事民事活动，产生的民事责任由法人承担；也可以先以该分支机构管理的财产承担，不足以承担的，由法人承担。

（四）法人的终止与解散

1. 法人的终止适用情形

《民法总则》第 68 条规定：“有下列原因之一并依法完成清算、注销登记的，法人终止：（一）法人解散；（二）法人被宣告破产；（三）法律规定的其他原因。法人终止，法律、行政法规规定须经有关机关批准的，依照其规定。”

2. 法人解散的情形

《民法总则》第 69 条规定：“有下列情形之一的，法人解散：（一）法人章程规定的存续期间届满或者法人章程规定的其他解散事由出现；（二）法人的权力机构决议解散；（三）因法人合并或者分立需要解散；（四）法人依法被吊销营业执照、登记证书，被责令关闭或者被撤销；（五）法律规定的其他情形。”

【案例一　公司的成立】

（一）案情摘要

原告：唐山某物资公司

被告：呼和浩特市某县人民政府

原告唐山某物资公司于 2014 年于呼和浩特市某县人民政府签订了一份矿产资源开发合同。签订合同后，因该物资公司不具有开发矿产资源的资质，故该物资公司向工商机关申请名称核准，核准了名称为：内蒙古某矿业有限责任公司。名称核准后在法定期限内，因种种原因，原告未完成对该矿业有限责任公司的验资与注册程序，后该矿产资源未能开发。2018 年内蒙古自治区政府对该矿的采矿权公开招投标，土默特左旗一家矿产资源企业中标。后唐山某物资公司以呼和浩特市某县人民政府违约为由，向内蒙古自治区高级人民法院提起诉讼，请求赔偿损失。原告为证明其损失提供了多份证据，其中一份为原告向唐山佳贸公司采购大型采矿设备的供货合同，合同签订时间为2015年，但经被告调查发现，唐山佳贸公司的注册成立时间是2016年。对于该份证据是否应当获得采信，对于原告的该损失是否应当获得支持，被告请求法院作出认定。

（二）相关法理知识及案例评析

该案焦点在于审查呼和浩特市某县人民政府是否对唐山某物资公司负有赔偿责任。原告想要获得赔偿，需要举证证明该合同属于民事合同、合法有效，且需证明被告存在违约行为，且该违约行为给原告造成了损失。

原告举证证明其损失时，提供了其与唐山佳贸公司的供货合同是于2015年签订的证据。但2015年唐山佳贸公司还未成立，故该公司还不具有民事权利能力和民事行为能力，不能签订民事合同，并按照民事合同履约，故该证据明显不能采信。

法人的成立条件：①依法成立；②有必要的财产或经费；③有自己的名称、组织和场所；④能够独立承担民事责任。法人的民事权利能力和民事行为能力，从法人成立时产生，到法人终止时消灭。

（三）处理结果

法院审理后经与原告沟通，说明法人成立的条件及损失赔偿的举证责任分配等内容，原告提出了撤诉。法院准许撤诉申请，并送达了撤诉裁定。

【案例二 一份超越营业执照范围的钢材买卖合同】

（一）案情摘要

2017年5月，内蒙古某房地产开发有限责任公司与某建工有限责任公司签订了一份钢材买卖合同。合同约定，由某建工有限责任公司出卖给内蒙古某房地产开发有限责任公司1000吨钢材，双方对钢材的型号、价款、交货时间、付款时间、验收等均作出了明确的约定。某建工有限责任公司按照合同约定，向内蒙古某房地产开发有限责任公司提供了钢材，但内蒙古某房地产开发有限责任公司未按约定付款。经过建工有限公司的多次索要，内蒙古某房地产开发有限公司主张建工公司出售钢材，超越了该建工公司企业营业执照中载明的范围，故合同无效，不应当支付钢材款。后双方发生争议，建工有限责任公司将内蒙古某房地产开发有限责任公司诉至呼和浩特市中级人民法院。

（二）相关法理知识及案例评析

《公司法》第12条规定："公司的经营范围由公司章程规定，并依法登记。公司可以修改公司章程，改变经营范围，但是应当办理变更登记。"

《最高人民法院关于适用〈中华人民共和国合同法〉若干问题的解释（一）》（以下简称《合同法司法解释（一）》）第10条规定："当事人超越经营范围订立合同，人民法院不因此认定合同无效。但违反国家限制经营、特许经营以及法律、行政法规禁止经营规定的除外。"

本案的关键问题就在于超越经营范围，是否合同就当然地被认定为无效。我国民法及合同法中总是尽量支持交易的成立，不轻易确定合同无效，因此在最高院的司法解释中，已经明确对于超越经营范围订立的合同，人民法院不因此认定合同无效。

（三）处理结果

法院经审理认为：内蒙古某房地产开发有限责任公司与某

建工有限责任公司签订了的钢材买卖合同系双方真实意思表示，主体及内容均合法，应为有效，双方都应认真履行合同。内蒙古某房地产开发有限责任公司主张钢材买卖超越某建工有限责任公司的营业范围，合同应为无效的抗辩理由，不能成立。故判决内蒙古某房地产开发有限责任公司向某建工有限公司支付钢材款及违约金。

【案例三 有限责任公司的责任是如何有限?】

（一）案情摘要

2014 年张三与李四各出资 100 万元，成立了呼和浩特业峰装饰装潢有限责任公司。2014 年年底该公司承揽了某酒店连锁管理公司的一家大型酒店的装修装潢工程，工程预计投入资金 300 万元，因该工程属于垫资工程，且该公司资金不够，向呼和浩特市某小额贷款公司贷款 100 万，双方约定贷款期限一年，贷款利率为同期银行贷款利率的四倍。2015 年该工程完工，但双方针对装修工程价款和工程质量发生争议，直至 2016 年该酒店连锁管理公司未给业峰公司结算工程款。因酒店市场不好，2016 年年底该酒店连锁管理公司被宣告破产，经过破产清算，业峰装饰装潢公司仅实现了 20 万的债权。2017 年初，业峰装饰装潢公司也被宣告破产，小额贷款公司作为债权人，向张三和李四索要借款，张三与李四提出两人所开办的公司为有限责任公司，只能以账面所剩余的 20 万元资金清偿。小额贷款公司不同意，向法院起诉。

（二）相关法理知识及案例评析

《公司法》第 3 条规定:"公司是企业法人，有独立的法人财产，享有法人财产权。公司以其全部财产对公司的债务承担责任。有限责任公司的股东以其认缴的出资额为限对公司承担责任；股份有限公司的股东以其认购的股份为限对公司承担责任。"该规定意味着法人的有限责任包括：①法人以其全部财产对法人的债务承担清偿责任；②出资人以其出资额为限对法人的债务承担清偿责任。

《最高人民法院关于适用〈中华人民共和国公司法〉若干问题的规定（三）》第13条规定："公司债权人请求未履行或者未全面履行出资义务的股东在未出资本息范围内对公司债务不能清偿的部分承担补充赔偿责任的，人民法院应予支持；未履行或者未全面履行出资义务的股东已经承担上述责任，其他债权人提出相同请求的，人民法院不予支持。"第14条规定："公司债权人请求抽逃出资的股东在抽逃出资本息范围内对公司债务不能清偿的部分承担补充赔偿责任、协助抽逃出资的其他股东、董事、高级管理人员或者实际控制人对此承担连带责任的，人民法院应予支持；抽逃出资的股东已经承担上述责任，其他债权人提出相同请求的，人民法院不予支持。"

在本案中，该公司仅有财产20万，且该公司已经被宣告破产，作为出资人仅以其出资额为限对该公司的债务承担清偿责任。因出资人的出资已经到位，且在经营过程中从200万变更成了20万，故张三与李四因已经完成了出资的义务，不存在出资不实或抽逃资金的情况，故对该有限责任公司不存在无限连带责任，也不存在清偿责任。

（三）处理结果

法院判决：①以业峰公司的20万元，清偿小额贷款公司的债务；②张三和李四对该债务不承担清偿责任。

第六章
非法人组织

【知识串讲】

1. 概念

非法人组织是不具有法人资格，但是能够依法以自己的名义从事民事活动的组织。

2. 类型

非法人组织包括个人独资企业、合伙企业、不具有法人资格的专业服务机构等。

（1）个人独资企业，是指在中国境内设立，由一个自然人投资，财产为投资人个人所有，投资人以其个人财产对企业债务承担无限责任的经营实体。设立个人独资企业应当具备的条件：投资人为一个自然人；有合法的企业名称；有投资人申报的出资；有固定的生产经营场所和必要的生产经营条件；有必要的从业人员。

（2）合伙企业，是指自然人、法人和其他组织依照本法在中国境内设立的普通合伙企业和有限合伙企业。普通合伙企业由普通合伙人组成，合伙人对合伙企业债务承担无限连带责任。法律对普通合伙人承担责任的形式有特别规定的，从其规定。有限合伙企业由普通合伙人和有限合伙人组成，普通合伙人对合伙企业债务承担无限连带责任，有限合伙人以其认缴的出资额为限对合伙企业债务承担责任。

（3）不具有法人资格的专业服务机构，如不具有法人资格但经民政部门批准登记领取社会团体登记证的社会团体；法人依法设立并领取营业执照的分支机构；不具有法人资格的中国人民银行、各专业银行设在各地的分支机构；不具有法人资格的中国人民保险公司设在各地的分支机构；经核准登记领取营业执照的乡镇、街道、村办企业。

3. 非法人组织债务承担

非法人组织的财产不足以清偿债务的，其出资人或者设立人承担无限责任。法律另有规定的，依照其规定。

4. 非法人组织的解算

《民法总则》第106条规定："有下列情形之一的，非法人组织解散：（一）章程规定的存续期间届满或者章程规定的其他解散事由出现；（二）出资人或者设立人决定解散；（三）法律规定的其他情形。"

【案例一　个人独资企业的责任承担】

（一）案情摘要

张三是内蒙古大学数学系信息与计算科学专业研究生，未婚，因其在校期间不断打工，所以有独立收入，不依赖父母即可独立生活且进行投资经营。2017年张三注册成立一家个人独资企业，企业名称为"美好的理想"，注册资本为人民币1元。

由于经营需要资金，其同学李四看张三企业发展不错，故想与张三一同经营，故给张三投资2万元，并与张三共同经营。后该独资企业经营不善导致对王五负债6万元。王五遂向法院提起诉讼，要求该企业、张三、李四、张三父母承担偿付债务的责任。

（二）相关法理知识及案例评析

本案涉及三个问题：①该企业的设立是否合法？②张三允许李四参加投资，共同经营的行为是否合法？③谁应当承担偿付债务的责任？

（1）该企业的设立是否合法。根据《中华人民共和国个人独资企业法》（以下简称《个人独资企业法》）第2条、第10条的规定，自然人可以单独投资设立个人独资企业，设立时法律仅要求投资人申报出资额和出资方式，但并不要求须缴纳最低注册资本金。因此张三单独以1元人民币经法定工商登记程序投资设立个人独资企业的做法，符合法律规定。

（2）张三允许李四参加投资，共同经营的行为不合法。根据《个人独资企业法》第2条、第8条、第15条的规定，个人独资企业须为一个自然人单独投资设立，企业存续期间登记事项发生变更时，应当在作出变更决定之日起15日内申请办理变更登记。因此，张三如允许他人参加投资经营，必须依法办理变更登记，并改变为其他性质的企业，因为此时已经不符合个人独资企业的法定条件了。

（3）谁应当承担偿付债务的责任？《民法总则》第104条规定："非法人组织的财产不足以清偿债务的，其出资人或者设立人承担无限责任。法律另有规定的，依照其规定。"故除个人独资企业要承担责任外，张三需要以个人财产承担无限责任。根据《个人独资企业法》第2条、第18条的规定，张三经济上独立于其家庭，且法律规定只有投资人在申请设立个人独资企业进行登记时明确以其家庭共有财产作为个人出资的，才可以依法由家庭共有财产对企业债务承担无限责任。因此债权人不能向刘某的家庭求偿，而应当是由张三个人负无限责任。由于李四后来加入投资经营，因此该个人独资企业事实上已转变为公民之间的合伙关系，由此，法律责任应当由合伙人张三和李四共同承担。

（三）处理结果

法院判决由个人独资企业承担偿付债务的责任，张三、李四承担无限责任。

【案例二　我们的约定合法吗？】

（一）案情摘要

张三、李四、王五三人共同设立一有限合伙企业。张三为普通合伙人，以房产所有权出资。李四、王五为有限合伙人，李四以设备使用权出资，王五以人民币现金出资。合伙协议约定，张三为企业负责人，负责企业事务的执行。利润的分配按1：2：2的比例分配，亏损由张三全部承担。后该合伙企业在经营过程中发生了对外债务30万元，债权人为赵六，赵六几经索要未果，向法院提起诉讼，以该合伙企业、张三、李四、王五为被告要求承担责任。法院经审查发现该合伙企业的财产不足以清偿对赵六的债务，并在查明事实的基础上作出了判决。

（二）相关法理知识及案例评析

该案涉及四个问题：①三人的出资方式是否合法？②协议约定的利润分配是否合法？③协议约定的亏损承担方式是否合法？④偿付债务的责任应当由谁来承担？

对于第一个问题，合伙企业可以用货币、实物、知识产权、土地使用权或者其他财产权利出资；非货币资产需要评估作价的，可由全体合伙人协商确定，也可由全体合伙人委托法定评估机构评估。所以三人的出资方式合法。

对于第二个问题，有限合伙不得将全部利润分配给部分合伙人；但是合伙协定另有约定的除外。故对于利润的分配三人的约定合法。

对于第三个问题，有限合伙企业由普通合伙人和有限合伙人组成的，所有的普通合伙人以合伙企业的所有债务承担无限责任，所有的有限合伙人以其认缴的出资额为限对合伙企业的所有债务承担有限责任。所以，三人对于债务的承担不合法。

对于第四个问题，债务应当由该企业承担。鉴于该企业的资产已不足以偿付债权人，故张三作为普通合伙人对债务承担无限责任，李四、王五以其认缴的出资额为限对合伙企业的债务承担有限责任。

（三）处理结果

法院判决：合伙企业承担偿付债务的责任，张三承担无限责任，李四、王五以其认缴的出资额为限对合伙企业的债务承担有限责任。

第七章
民事权利

【知识串讲】

民事权利是民事主体依法享有并受法律保护的利益范围或者实施某一行为（作为或不作为）以实现某种利益的可能性。简单地说，就是权利主体对实施还是不实施一定行为的选择权。

1. 民事权利包含以下含义

①权利是法律关系的主体享有的利益范围或者为某种行为的可能性；②权利是权利主体要求他人实施某种行为或者不实施某种行为，以实现其利益的可能性；③在权利受到侵害时，权利主体得请求国家机关予以救济。

2. 民事权利主要分类

（1）根据民事权利是否以财产利益为内容，民事权利可分为财产权和人身权。财产权，是指以财产利益为内容，直接体现财产利益的民事权利。财产权既包括物权、债权、继承权，也包括知识产权中的财产权利。人身权，是指不直接具有财产内容，与主体人身不可分离的权利。包括人格权和身份权。

（2）根据权利的作用，民事权利可分为支配权、请求权、抗辩权和形成权。支配权，是指主体对权利客体可直接加以支配并享受其利益的权利。物权、人身权、知识产权都属于支配权。请求权，是指请求他人为一定行为或不为一定行为的权利。抗辩权，广义上是指抗辩请求权或否认他人的权利主张的权利，有的称为异议权；狭义上是指对抗请求权的权利。形成权，是指权利人得以自己一方的意思表示而使法律关系发生变化的权利。

（3）根据民事权利的效力范围，民事权利可分为绝对权和相对权。绝对权，又称对世权，是指其效力及于一切人，即义务人为不特定的任何人的权利。物权、知识产权、人身权都为绝对权。相对权，又称对人权，是指其效力及于特定人的权利，即义务人为特定人的权利。债权为典型的相对权。

（4）根据两项相互关联的权利之间的关系，民事权利可分为主权利与从权利。主权利，是指两项有关联的权利中不依赖另一权利可独立存在的权利。从权利，是指两项有关联的权利中其效力受另一权利制约的权利。

（5）根据相互间是否有派生关系，民事权利可分为原权利与救济权。原权利为基础权利，是权利性民事法律关系中的权利。救济权是由原权利派生的，为因原权利受到侵害或有受侵害的现实危险而发生的权利，是保护性法律关系中的权利。

（6）根据权利有无移转性，民事权利可分为专属权与非专属权。专属权，是指无移转性，权利人一般不能转让，也不能依继承程序转移的权利。人身权就属于专属权。非专属权，是指具有转移性，权利人可以转让，也可依继承程序移转的权利。财产权多为非专属权。

3. 民事权利的行使

民事权利的行使，是指权利人为实现自己的权利实施一定的行为。权利行使的方式有事实方式和法律方式两种。事实方式，是指权利人通过事实行为行使权利；法律方式是指权利人通过民事法律行为行使权利。权利行使应遵循以下两项主要原则：第一，自由行使原则。权利行使是权利人的自由，自然应当依当事人的意思决定，他人不得干涉。第二，正当行使和禁止权利滥用原则。权利人应依权利的目的正当行使权利，遵循诚实信用原则，禁止权利滥用。

4. 民事权利的主要保护

民事权利的保护，是指为保障权利不受侵害或恢复受到侵害的民事权利所采取的救济措施。民事权利的保护分为自我保护和国家保护。民事权利的国家保护，又称公力救济，指民事权利受到侵犯时，由国家机关通过法定程序予以保护。民事权利的自我保护，又称为私力救济，是指权利人自己采取各种合法手段来保护其权利。自我保护的方式只有自卫行为，即正当防卫和紧急避险两项。

第一节　个人信息受法律保护

【知识串讲】

《民法总则》第 111 条规定："自然人的个人信息受法律保护。任何组织和个人需要获取他人个人信息的，应当依法取得并确保信息安全，不得非法收集、使用、加工、传输他人个人信息，不得非法买卖、提供或者公开他人个人信息。"《网络安全法》第 76 条第 5 项对个人信息的概念界定为，"个人信息，是指以电子或者其他方式记录的能够单独或者与其他信息结合识别自然人个人身份的各种信息，包括但不限于自然人的姓名、出生日期、身份证件号码、个人生物识别信息、住址、电话号码等。"根据该条规定，个人信息应当包含以下几个基本要素：①信息主体为自然人，不包括法人和非法人组织；②个人信息是以电子方式记录或者以其他方式记录的信息；③具有可识别性，能够单独或者与其他信息结合识别自然人的个人身份。

个人信息权利是公民在现代信息社会享有的重要权利，承载着信息主体的人格权益，也与信息主体的其他人身、财产利益密切相关。因此明确对个人信息的保护，对于保护公民的人格尊严、人格自由，使公民免受非法侵扰，维护正常的社会秩序具有现实意义。

近年来，由于各种技术的发展，个人信息泄露的情况非常普遍，如很多新闻报道中的"40元买傅园慧证件号加送胡歌证件号，再加50元还能打包送出当红组合TFBOYS里的王俊凯证件号……"类似的公开倒卖明星信息的内容在社交网络屡见不鲜。事实上，不仅明星饱受信息泄露的苦恼，据中国互联网络信息中心日前发布的报告，95.9%的受调查者表示曾遇到过手机信息安全事件，其中有26.4%的用户因信息泄露影响正常生活，而造成账户资金丢失等直接经济损失的占8.9%。所以，个人信息的保护应受到重视，故在《民法总则》中，加入了个人信息受法律保护的条款。

【案例　闫某与北京新浪、百度公司侵权纠纷案】

（一）案情摘要

某新浪博客博主发表涉及原告个人隐私的文章，原告先后向新浪公司和百度公司发出律师函要求采取必要措施，新浪公司在诉讼中未提交证据证明其采取了删除等必要措施，百度公司则提供证据证明采取了断开链接、删除等措施。原告起诉要求两公司提供博主的个人信息。

（二）相关法理知识及案例评析

网络侵权案件的一大特点就是网络的匿名性，如何确定侵权人的个人身份，常常成为阻碍原告维护自身权利的障碍。但是另一方面，互联网公司又负有法定的对网络用户的保密义务。如何处理这两者之间的关系？通过诉讼的方式，由人民法院对原告提出由网络服务提供者提供网络用户个人信息的请求进行审查后并作出判断，能够较好地实现两者之间的平衡。

（三）处理结果

北京市海淀区法院认为，新浪公司不能证明其已尽到《互联网电子公告服务管理规定》所规定的事前提示和事后监督义务，应承担相应不利法律后果。百度公司在百度网站首页、"百度知道"首页、"百度百科"首页公示了权利人的投诉渠道和投诉步骤，设置了投诉链接及权利声明，并明确提示网络用户的注意义务，已尽到了法定的事前提示和提供有效投诉渠道的事后监督义务，不承担侵权责任。新浪公司未能举证证明接到原告通知后采取了必要措施，应承担侵权责任；百度公司则在接到原告通知后及时采取了断开链接、删除等措施，不承担侵权责任。原告要求新浪公司提供博主的 IP 地址和全部注册信息，包括但不限于姓名、地址、联系方式等资料，由于两个博客的内容涉及了原告的人格权益，原告有权知晓该网络用户的个人信息以便主张权利，新浪公司应当在网络技术力所能及的范围内，向原告披露上述两位博主的网络用户信息，以维护其保护自身合法权益的信息知情权，应予支持。

第二节　无因管理

【知识串讲】

无因管理的概念：指没有法定的或约定的义务，为避免他人利益受损而进行管理或服务的法律事实。其中，进行管理或服务的一方称为管理人，接受事务管理或服务的一方称为本人或受益人。

（1）无因管理与不当得利主要区别：有无法律依据而得到的利益。

（2）无因管理的成立要件：①管理他人事务——前提条件，包括对他人事务的管理和服务行为；②有为他人利益而管理的意思，指管理人于管理事务时所具有的为他人谋利益的意思；③没有法定或约定的义务——重要条件

（3）无因管理之债的效力——无因管理成立后，在管理人与本人之间产生债权债务关系。①管理人的义务——管理人着手管理事务后依法承担的义务，主要是应尽到适当管理义务、通知义务、报告与结算义务；②义务人义务——偿还管理人支出的费用，应包括必要费用、补偿损失、清偿必要债务。

【案例　一只爱犬引发的纠纷】

（一）案情摘要

呼和浩特市市民张三的一只爱犬走失，被临近小区李四拾得。李四得知此犬价值昂贵，于是一边精心看管，一边积极寻找失主，并登失犬招领启事于某报，一共用去饲料费和登报招领费共 1000 元。某日，虽李四尽全力看管该犬，但该犬还是挣脱缰绳欲逃走，刚出家门，逃到一段路的拐弯处，正巧遇到王五骑摩托车回家。由于此犬跑得过快，王五躲闪不及连车带人一起摔倒，造成左手腕骨折，花去医疗费、误工费以及摩托车维修费共计 6500 元，王五要求李四赔偿此费用，李四称，此犬非己所有，不该由他赔偿。

（二）相关法理知识及案例评析

《民法总则》第 121 条规定："没有法定的或者约定的义务，

为避免他人利益受损失而进行管理的人，有权请求受益人偿还由此支出的必要费用。"

本案的两个关键的法律问题是：①张三与李四间构成何种法律关系？②王五的6500元费用应该由谁承担？为什么？

鉴于无因管理是为避免他人利益受损而进行管理或服务的法律事实，所以相关受益人应当承担必要的费用。在本案中张三与李四即构成无因管理关系，李四系在没有法定或约定的义务下，为了避免张三的利益受到损失，而对该犬进行管理。而6500元的费用系李四在为张三管理爱犬的过程中发生的，且李四并无过错，故相关的费用应当由张三承担。

（三）处理结果

如因本案发生诉讼，王五起诉李四，法院在查清事实的基础上，应当认定李四系无因管理，可以追加张三为本案的第三人，承担王五的损失。同时，若李四起诉张三要求支付饲料费和登报招领费共1000元，法院也应当予以支持。

第三节　不当得利

【知识串讲】

（一）概念

不当得利是指没有合法依据取得利益，致他人受有损失的事实。其中取得不当利益的一方称为受益人或不当得利人，受到损失一方称为受害人或受损人。

（二）成立条件

（1）须一方受有利益，即一方当事人因一定的事实结果而得到一定的财产利益。

（2）须他方受有损失，其利益受损是财产总额减少或财产

56

可得增加而未增加的情况。

（3）须一方受利益与他方受损失之间有因果关系，即受益与受损之间有变动的关联性。

（4）须无合法根据——即当事人取得利益时无合法的依据，是不当得利的实质条件。

【案例　孙某诉赵某不当得利纠纷案】

（一）案情摘要

孙某曾于2015年向赵某账户上汇款500万元，双方没有书写任何借据。孙某要求赵某偿还该500万，赵某称该500万不属于借款，属于双方合作投资款的收益分配，双方因此发生纠纷。2016年孙某在呼和浩特市赛罕区人民法院提起诉讼，以民间借贷为案由，要求赵某偿还借款本金500万及利息。赵某以双方没有借款关系为由抗辩，后赛罕区人民法院认定由于原告孙某无法证明双方存在借款的合意，故驳回原告的诉讼请求。原告上诉至呼和浩特市中级人民法院，呼和浩特市中级人民法院在审理过程中发现孙某确实向赵某汇款500万，赵某也认可收到500万，双方的争议主要集中在500万到底是否是借款。后经法院向孙某释明，既然原告无法证明双方有借款的合意，而赵某也认可收到了500万，可以以不当得利为案由重新提起诉讼，后孙某撤诉，以不当得利为由，提起了对赵某的诉讼。

（二）相关法理知识及案例评析

《民法总则》第122条规定："因他人没有法律根据，取得不当利益，受损失的人有权请求其返还不当利益。"在本案中，根据《最高人民法院关于民事诉讼证据的若干规定》第2条规定的民事诉讼中举证责任分配的一般规则："当事人对自己提出的诉讼请求所依据的事实或者反驳对方诉讼请求所依据的事实有责任提供证据加以证明。没有证据或者证据不足以证明当事人的事实主张的，由负有举证责任的当事人承担不利后果。"民间借贷案件中，应当由出借人证明双方存在借款的合意以及出借人已经出借的事实，二者缺一不可。而在不当得利案件中，原告需要证明被告存在得利，至于这种得利是应当的，还是不当的，即是否存在法律依据，其证明责任，在司法实践中通常会分配给被告，由被告来举证证明为什么得到了原告的钱款，其依据为何。故在不当得利案件中，对于他人所获得的利益，如果没有法律依据，则会被认定为不当得利，承担返还责任。

（三）处理结果

此案尚在审理过程中，但根据以上法理知识和案例分析，可知，如果被告赵某无法举证证明该500万有法律依据，则构成不当得利，负有返还的责任，如果赵某能够有证据证明其取得500万有法律依据，则不构成不当得利，不需要承担返还责任。

第八章
民事法律行为

【知识串讲】

（一）民事行为概念

民事行为是指以意思表示为核心要素的表示行为，是民事法律行为的上位概念，它既包括民事法律行为这种合法行为，也包括无效、效力待定、可变更可撤销民事行为，但不包括侵权等事实行为。

民事法律行为是指民事主体设立、变更、终止民事权利和民事义务的合法行为。

（二）民事法律行为的特征

①应是民事主体实施的以发生民事法律后果为目的的行为。②应是以意思表示为核心要素的行为。③应是合法行为。

（三）民事法律行为的成立

（1）一般要件：①当事人；②意思表示。

（2）特别要件：指一些民事行为成立所需要的特有条件，如实践性民事行为，其成立须有标的物的实际交付。

（3）民事法律行为成立的效力：即意思表示的成立效力。民事法律行为成立，表意人必须受意思表示的约束，不得擅自变更和撤回。

（四）民事法律行为的生效：指已经成立的民事法律行为因符合一定条件而取得法律所认可的效力

（1）法定条件：①行为人具有相应的民事行为能力；②意思表示真实；③不违反法律、行政法规的强制性规定，不违背公序良俗。

（2）注意：成立和生效之间的关系。民事法律行为成立，不一定生效；民事法律行为生效，其行为一定成立。

（五）民事法律行为的效力体系

1. 有效的民事法律行为

民事法律行为有效的要件：行为人具有相应民事行为能力；意思表示真实；标的合法。

2. 无效的民事法律行为

无效的民事法律行为是指，民事行为已经成立，但欠缺民事法律行为的有效要件，而自始、当然、绝对不发生法律效力的民事行为。

（1）类型包括：意思表示不真实并损害了国家利益；违反法律或社会公共利益——恶意串通损害国家、集体、第三人利益；以合法形式掩盖非法目的；损害社会公共利益；违反法律或行政法规的强制性规定。

（2）法律后果。特殊无效民事行为：①不能完全辨认自己行为的成年人的民事行为，确能证明是在发病期间实施的，应当认定为无效；②行为人在神志不清的状态下所实施的民事行为，应当认定无效；③凡依法或依双方的约定必须由本人亲自实施的民事行为，本人未亲自实施的，应认定为无效（如结婚登记）。

无效的民事行为自始无效；民事行为部分无效，不影响其他部分的效力，其他部分仍然有效。

3. 可变更、可撤销的民事法律行为

可变更、可撤销的民事法律行为是指：民事法律行为虽已成立，但因欠缺生效要件，可以因当事人撤销权的行使而自始无效的民事法律行为。

（1）特征：①在民事法律行为被撤销前，对无撤销权的当事人发生效力，且在未撤销前这一效力继续保持；②效力是否归于消灭，取决于撤销权人的意思；③撤销权人如行使撤销权则该法律行为归于消灭，如承认抛弃或不行使撤销权，则可撤销的法律行为转化为有效的法律行为。

（2）类型：欺诈；胁迫；乘人之危；重大误解（双方均可）；显失公平（双方均可）。

4. 效力待定的民事法律行为

效力待定的民事法律行为是指：民事法律行为虽已成立，但是否生效尚不确定，只有经过特定当事人的行为，才能确定生效或不生效的民事法律行为。

（1）类型：①行为能力欠缺；②处分权欠缺；③代理权欠缺；④债权人同意的欠缺。

（2）效力确定的途径。①追认：明示，向有权相对人作出，则效力待定民事行为转化为有效民事法律行为；如权利人放弃追认权或在交易相对人确定的催告期内不作追认的明确表示的，则效力待定的民事行为自始不生效力。②相对人的催告权：善意相对人有权于知道民事行为效力待定的缘由后，行使催告权，权利人须在一个月内作出追认表示，否则视为拒绝追认，效力待定民事行为归于无效；同时，相对人也可以行使撤销权，但须以明示方式在权利人追认前善意行使。

5. 附条件、附期限的民事法律行为

附条件、附期限的民事法律行为是指：法律有规定或当事人约定的情况下，以一定条件或一定期限作为法律行为生效要件的民事法律行为。

（1）附条件的法律行为——法律行为效力的开始或终止取决于将来不确定事实的发生或不发生的法律行为。要件：将来的事实+不确定的事实+合法+条件必须可能。种类：延缓条件——效力的开始取决于其成就的事实。解除条件：法律行为在成立、生效后，因其成就而丧失法律效力的事实。

（2）附期限的法律行为——以一定期限的到来作为效力开始或终止原因的法律行为。即以期限到来确定法律行为效力的发生或终止。种类：延缓期限——始期，法律行为效力的发生以特定期限的到来为条件。解除期限：业已生效的法律行为于特定期限到来时，效力终止。

第一节　无效民事法律行为

【案例　宅基地上房屋的买卖】

（一）案情摘要

张三在呼和浩特市土默特左旗某村内有一处宅基地上房屋，李四一直向往农村生活，想在退休后回到农村生活。故2016年，经双方协商，张三以50万的价格将该宅基地上房屋出售给呼和浩特市居民李四。李四按照约定将50万元交付给张三，张三也按约定向李四交付了房屋。后张三反悔，意欲将50万元退还给李四，并要求李四退还房屋，李四不同意。后双方发生纠纷，张三将李四诉至人民法院，要求其返还房屋。

（二）相关法理知识及案例评析

根据《民法总则》及《合同法》的规定，无效的民事行为法律上大致有以下几种：①无民事行为能力人实施的民事行为无效；②限制行为能力人依法不能独立实施的民事行为无效；③一方以欺诈、胁迫的手段或者乘人之危，使对方在违背真实意思的情况下所为的民事行为，且侵害国家利益的无效；④恶意串通，损害国家、集体或者第三人利益的民事行为无效；⑤违反法律、行政法规或公序良俗的民事行为无效；⑥经济合同违反国家指令性计划的无效；⑦以合法形式掩盖非法目的的民事行为无效。民事行为无效的法律后果有以下几种：恢复原状、返还财产、赔偿损失、追缴双方取得的财产收归国家、集体所有或者返还给第三人。

在本案中，双方签订了关于宅基地上房屋的买卖合同。因此宅基地所解决的是村民最基本的住的问题，故对于宅基地上的房屋，只有本村村民才能享有所有权，对于非本村村民不能享有所有权。

我国《物权法》第 153 条规定："宅基地使用权的取得、行使和转让，适用土地管理法等法律和国家有关规定。"《土地管理法》第 63 条规定："农民集体所有的土地的使用权不得出让、转让……"我国《合同法》第 52 条第（五）项规定："违反法律、行政法规的强制性规定的合同无效。"故此，本案中张三与李四所签订的合同因违反国家法律强制性规定而无效。

（三）处理结果

法院经审理认为：张三和李四签订的宅基地上房屋的买卖合同，违反了《土地管理法》第 63 条"农民集体所有的土地的使用权不得出让、转让"的效力性、强制性规定，并依据《合同法》第 52 条的规定，判决张三与李四签订的宅基地上房屋买卖合同无效，李四应当于判决确定的期限内返还张三房屋，张三应当将购房款返还给李四。

第二节 附生效条件的法律行为

【案例 我们的合同生效了吗?】

(一) 案情摘要

内蒙古某生产资料股份有限公司与某房地产公司曾于2010年达成了一份《房屋并土地转让合同》,合同签订后该生产资料公司将土地及房屋以当时的状态交付给了某房地产公司,某房地产公司也按照合同约定向该生产资料公司支付了部分的钱款。后该房地产公司一直向该生产资料公司索要剩余钱款,该生产资料公司以合同转让的土地是划拨土地,因此该合同虽然成立但未生效为由,抗辩不应当按照合同约定支付剩余款项。因此,双方发生纠纷,该房地产公司将生产资料公司诉至赛罕区人民法院。

(二) 相关法理知识及案例评析

《民法总则》第134条规定:"民事法律行为可以基于双方或者多方的意思表示一致成立,也可以基于单方的意思表示成立。法人、非法人组织依照法律或者章程规定的议事方式和表决程序作出决议的,该决议行为成立。"第136条规定:"民事法律行为自成立时生效,但是法律另有规定或者当事人另有约定的除外。"根据该两款规定,大部分民事法律行为自成立时起即生效,但有法定条件或约定条件,且法定或约定自条件成就时起,合同才生效的,为附条件生效的民事法律行为,须待条件成就时,民事法律行为才生效。

在本案中,法院是否能够支持原告的主张的关键点就在于合同是否生效。如合同生效,那么应当判决支持原告的诉讼请求,如合同虽成立但未生效,则须驳回原告的诉讼请求。

就划拨土地上的私有房屋能否转让，现存在两种不同意见：第一种意见认为，可以转让；第二种意见认为，以划拨方式取得的国有土地使用权未经县级以上人民政府土地管理部门批准，不得转让。即县级以上人民政府的审批，是划拨土地上房屋能够转让的法定条件。《城市房地产管理法》第40条第1款规定："以划拨方式取得土地使用权的，转让房地产时，应当按照国务院有关规定，报有批准权的人民政府审批。"可见，我国法律规定，划拨土地的使用权未经批准不得转让。但是，在司法实践中，未经批准办理土地使用权出让手续就转让划拨土地使用权，是一种常见现象。实务中，更多的则是先进行转让，再由划拨土地的受让方直接与政府办理土地出让手续。为此，《最高人民法院关于审理涉及国有土地使用权合同纠纷案件适用法律若干问题的解释》第12条明确规定："土地使用权人与受让方订立合同转让划拨土地使用权，起诉前经有批准权的人民政府同意转让，并由受让方办理土地使用权出让手续的，土地使用权人与受让方订立的合同可以按照补偿性质的合同处理。"即土地使用权人与受让方订立的转让合同应为有效合同。依此可见，以划拨方式取得土地使用权的，转让房地产时，未报请有批准权的人民政府审批同意，划拨土地使用权转让行为并不当然无效，可以通过后续补正。此种情形，符合合同效力补正原则。《城市房地产管理法》第40条第1款规定："以划拨方式取得土地使用权的，转让房地产时，应当按照国务院规定，报有批准权的人民政府审批。有批准权的人民政府准予转让的，应当由受让方办理土地使用权出让手续，并依照国家有关规定缴纳土地使用权出让金。"同时，该法第61条第3款规定："房地产转让或者变更时，应当向县级以上地方人民政府房产管理部门申请房产变更登记，并凭变更后的房屋所有权证书向同级人民政府土地管理部门申请土地使用权变更登记。"依据上述法律可知，我国法律对以划拨方式取得的土地使用权并未禁止转让，只要当事人履行了相关的法定手续，仍然可以将其转让。虽案涉房屋所占土地为国有划拨土地，城市房地产管理法规定此类土地在转让时，应当报有批准权的人民政府审批，但政府的审批不是对土地使用权转让合同或房屋买卖合同的审批，而是对国有划拨土地使用权实际发生转移的审批，故大部分学者认为：政府的审批不是此类合同成立的生效要件。因此，双方签订的合同，无需办理登记或审批手续，双方订立时即已生效。

（三）处理结果

此案正在审理过程中，由于案件争议较大，故赛罕区人民法院已经将该案作为疑难案件向呼和浩特市中级人民法院进行请示。如果经讨论，大部分观点认为报有批准权的人民政府审批是划拨土地上房屋转让合同的生效要件，则双方合同属于成立未生效，如大部分观点认为报有批准权的人民政府审批不是划拨土地上房屋转让合同的生效要件，则双方合同属于生效的合同。

第三节 可撤销的民事法律行为

【案例 我们的合同可撤销吗？】

（一）案情摘要

内蒙古某乳液公司董事长郑一曾用该乳液公司合法取得的高管激励资金成立了另外一家公司，名为起航公司。后该公司董事长郑一因将该乳液公司的一部分资金挪用到其亲属的公司中，以涉嫌挪用公款被羁押。在羁押期间，其与某金融投资公司签订了《股权转让协议》，将持有的和代持的起航公司100%

的股权转让给了金融投资公司。在签订协议后未满一年时，郑一委托律师提起了诉讼，要求撤销该《股权转让协议》，理由是该协议是羁押期间在被胁迫、乘人之危的情况下签订的，且显失公平，故要求撤销。

（二）相关法理知识及案例评析

《民法总则》第147条规定：“基于重大误解实施的民事法律行为，行为人有权请求人民法院或者仲裁机构予以撤销。”第148条规定：“一方以欺诈手段，使对方在违背真实意思的情况下实施的民事法律行为，受欺诈方有权请求人民法院或者仲裁机构予以撤销。”第149条规定：“第三人实施欺诈行为，使一方在违背真实意思的情况下实施的民事法律行为，对方知道或者应当知道该欺诈行为的，受欺诈方有权请求人民法院或者仲裁机构予以撤销。”第150条规定：“一方或者第三人以胁迫手段，使对方在违背真实意思的情况下实施的民事法律行为，受胁迫方有权请求人民法院或者仲裁机构予以撤销。”第151条规定：“一方利用对方处于危困状态、缺乏判断能力等情形，致使民事法律行为成立时显失公平的，受损害方有权请求人民法院或者仲裁机构予以撤销。”以上是《民法总则》关于可撤销的民事法律行为的规定，根据以上规定，可以撤销的民事法律行为的情形有：欺诈、胁迫、乘人之危、显失公平、重大误解。

撤销权实际上主要是针对意思表示不真实的情况，给当事人的一剂后悔药。在本案中，原告请求撤销的理由即是基于胁迫、乘人之危及显失公平。原告如果能够证明在签订《股权转让协议》过程中确实存在着胁迫、乘人之危或显失公平的情形，则该《股权转让协议》可以撤销；如果不能证明，则不能撤销。

（三）处理结果

此案历经了十年的时间，赛罕区法院一审认定，原告签订

《股权转让协议》时虽然属于羁押的状态，但羁押并未剥夺原告的民事权利，不影响原告作出真实意思表示，且股权转让的标的属于不流通股，可以由当事人协议价格，故不存在显失公平的情形，驳回了原告的诉讼请求。原告不服提起上诉，呼和浩特市中级人民法院认为此案一审法院在审理过程中未能查清双方签订《股权转让协议》的程序，以及是否为当事人的真实意思表示，故发回重审。后赛罕区人民法院再审后仍然认定双方协议不存在可撤销的情形，故再次驳回了原告的诉讼请求。原告再次上诉，此案正在二审审理过程中。

第九章
代　理

【知识串讲】

（一）概念

代理是代理人在代理权限内，以被代理人名义进行有法律意义的活动，直接对被代理人发生效力的法律制度。

狭义的代理指直接代理，又称显名代理，即以被代理人的名义进行的民事法律行为，后果直接归属于被代理人。

广义的代理包括直接代理和间接代理。间接代理又称隐名代理，是指代理人以自己的名义进行民事法律行为，而使其后果间接地归属于被代理人，如行纪行为。

《民法总则》采取的是严格狭义代理的概念。本书所讲的代理，是《民法总则》规定的狭义代理。

（二）特征

（1）代理人在代理权限内实施代理行为。

（2）代理人以被代理人名义实施代理行为。

（3）代理人以自己的意志与第三人发生有法律意义的行为。

（4）代理行为的效果直接归属于被代理人。

代理的适用范围很广，但受法律规定和当事人约定的限制：

①具有人身性质的民事法律行为不得代理。具有人身性质

的民事行为因为人身属性的原因，所以不能适用代理。②被代理人无权进行的行为不得代理。③双方当事人约定或合同性质决定应由本人亲自实施的民事行为不适用代理。

（三）代理的分类

根据代理权的产生根据，可分为委托代理、法定代理和指定代理。

1. 委托代理

委托代理是指代理人按照被代理人的委托而进行的代理。

委托代理一般产生于代理人与被代理人之间存在的基础法律关系之上，这种法律关系可以是委托合同关系，也可是劳动合同关系（职务关系），还可以是合伙合同关系。

2. 法定代理

法定代理是指根据法律的直接规定而发生的代理关系。

3. 指定代理

指定代理是指代理人根据人民法院或者指定机关的指定而进行的代理。

以代理权限范围为标准，可分为一般代理与特别代理。

（1）特别代理是指代理权被限定在一定范围或一定事项的某些方面的代理，又称部分代理、特定代理或限定代理。

（2）一般代理是特别代理的对称，是指代理权范围及于代理事项的全部，故又称概括代理、全权代理。

以代理权是由被代理人授予，还是由代理人转托为标准，可以把代理划分为本代理与再代理。

（1）本代理是指基于被代理人选任代理人或依法律规定而产生的代理，又称原代理。

（2）再代理是指代理人为被代理人的利益将其所享有的代理权转托他人而产生的代理。故又称复代理、转代理。

　　再代理的主要特征有：①再代理人是由代理人以自己的名义选任的，不是由被代理人选任的；②再代理人不是原代理人的代理人，而仍然是被代理人的代理人；③再代理权不是由被代理人直接授予的，而是由原代理人转托的，但以原代理人的代理权限为限，不能超过原代理人的代理权。

　　再代理附有条件，除非紧急情况，必须事先取得被代理人同意或事后告知被代理人并取得同意。

　　（四）滥用代理权的禁止

　　（1）自己代理：自己代理是指代理人以被代理人名义与自己进行民事行为。

　　（2）双方代理：指一个代理人同时代理双方为民事行为。

　　（3）代理人和第三人恶意串通，进行损害被代理人利益的行为。

　　代理人和第三人恶意串通，损害被代理人利益的行为是无效民事行为，其代理行为的后果被代理人不予承受。

　　（五）代理权的消灭

　　代理权的消灭，又称代理权的终止，指代理人与被代理人之间的代理关系消灭，代理人不再具有以被代理人名义进行民事活动的资格。

　　委托代理终止的原因：①代理期间届满或代理事务完成；②本人取消委托或代理人辞去委托；③代理人死亡；④代理人丧失民事行为能力；⑤作为本人或代理人的法人终止。

　　法定代理和指定代理终止的原因：①被代理人取得或恢复民事行为能力；②被代理人或代理人死亡；③代理人丧失民事行为能力；④指定代理的法院、指定单位取消指定；⑤因其他原因引起本人和代理人之间的监护关系消灭。

（六）无权代理

1. 概念

代理人不具有代理权，但以本人的名义与第三人进行民事活动的，在民事立法和学理上称为无权代理。

学理上一般又将无权代理区分为狭义的无权代理和表见代理。

2. 特征

①行为人所实施的民事行为，符合代理行为的表面特征。②行为人实施代理行为不具有代理权。③无权代理行为并非绝对不能产生代理的法律效果。

3. 狭义的无权代理

狭义的无权代理是指行为人没有代理权而以本人的名义所为的代理。

（1）种类。自始无代理权、超越代理权、代理权终止后的代理。

（2）效力。狭义的无权代理处于效力不确定状态，这种不确定状态表现为：首先，本人可以追认，使其对自己发生法律效力；其次，在本人追认之前，善意的相对第三人可以撤回与行为人所为的意思表示，也可以催告本人予以追认；如果得不到本人的追认，第三人也不撤回其意思表示，行为人则应承担相应的民事责任。

（3）无权代理人的责任。对第三人：应承担缔约过失责任履行无权代理行为所产生的义务或承担损害赔偿责任。对本人：应承担侵权责任或违约责任。若给本人造成损失，行为人应承担赔偿责任；若第三人明知无权代理而仍与其实施民事行为，造成本人损失的，与行为人负连带责任。

4. 表见代理

所谓表见代理，本属于无权代理，但因本人与无权代理人之间的关系，具有外表授权的特征，致使相对人有理由相信行为人有代理权而与其进行民事法律行为，法律使之发生与有权代理相同的法律效果。

（1）构成要件。表面要件：表见代理属于广义的无权代理，但仍须具备代理的表面要件。特别要件：须行为人无代理权；须有使相对人相信行为人具有代理权的事实或理由（由相对人负责举证）；须相对人为善意；须行为人与相对人之间的民事行为具备民事法律行为成立的有效要件。

（2）效力。表见代理对本人产生有权代理效力，即在相对人与本人之间产生民事法律关系，本人应受表见代理人与相对人之间实施的民事法律行为的约束。但善意相对人也可以行使撤销权。

第一节　代理的一般规定

【案例　可以代理吗?】

（一）案情摘要

2016 年 10 月，离奇书画装裱店与著名书法家张三签订了一份委托书法作品创作的合同。双方约定，张三在 2017 年 2 月以前交付装裱店 10 副书法作品，装裱店支付赵某 5000 元报酬。2016 年 12 月，张三因不慎跌倒致使右臂受伤，不能创作，于是他委托自己的儿子张小三代为书写了全部书法作品，以此交付装裱店，装裱店支付了全部报酬。但是不久装裱店感到作品风格与赵某不同，遂请专家做鉴定，结果发现属他人作品。装裱店遂要求张三返还 5000 元并赔偿损失，张三拒绝，装裱店将张三诉至人民法院。

（二）相关法理知识及案例评析

该案例涉及两个关键的法律问题，即：①张三能否委托他的儿子张小三代理其创作？②张三是否应当返还 5000 元并赔偿损失？

《民法总则》第 161 条规定："民事主体可以通过代理人实施民事法律行为。依照法律规定、当事人约定或者民事法律行为的性质，应当由本人亲自实施的民事法律行为，不得代理。"本案中合同既约定由张三创作全部书法作品，同时书法创作具有很强的人身属性，必须由本人亲自实施，是不得代理的行为，故张三无权委托他人代为履行。

由于张三交给装裱店的书法作品为张小三所做，违反了张三与装裱店的约定，构成了违约，造成了装裱店的合同目的无法实现。故装裱店有权解除合同，要求退还已支付款项，并要求张三承担赔偿责任。

（三）处理结果

法院依法判决解除双方合同，张三返还装裱店 5000 元并赔偿损失。

【案例　恶意串通的后果】

（一）案情摘要

张三和李四系邻居，两家关系很好。因业务需要，张三被单位派往外地的办事处工作，临走拜托李四照看自己的房屋及物品。夏天来临，张三从外地给李四打电话，称其买了一台分立式空调，家里原来的空调不要了，请李四帮忙以合适的价格卖掉。李四的同事王五听说此事后，表示想买下这台旧空调，但他不愿多出钱，王五就对李四说："你给张三打个电话，就说空调的制冷机坏了，要想快点出手就得降低价格。"李四觉得自己和王五是同事，不答应他会影响今后的关系，况且他有许多事要求着王五，于是就按王五的意思给张三打了电话，张三说既然制冷机坏了，降价就降价吧。于是，李四就以500元的价格把空调卖给了王五。过了一阵，张三从外地回来，听人说了旧空调的事，张三非常生气，找到李四，要求李四返还空调。

（二）相关法理知识及案例评析

本案涉及两个问题，一是李四与王五买卖空调的行为是否有效？二是本案应如何处理？《民法总则》第164条规定："代理人不履行或者不完全履行职责，造成被代理人损害的，应当承担民事责任。代理人和相对人恶意串通，损害被代理人合法权益的，代理人和相对人应当承担连带责任。"《合同法》第52条规定："有下列情形之一的，合同无效……（二）恶意串通，损害国家、集体或者第三人利益。"根据以上规定，在本案中李四和王五属于恶意串通。李四作为代理人与相对人王五恶意串通，损害了张三的合法权益，代理人李四和相对人王五应当承担连带责任。张三要求李四返还空调，李四应返还空调，王五应返还李四的500元钱，如果张三还有其他损失，李四、王五应负责赔偿。

（三）处理结果

对于本案的处理结果，还涉及张三诉权行使的问题，虽然《民法总则》中规定此案的情况可以要求李四和王五承担连带责任，但根据不告不理的原则，法院只能根据张三起诉的被告主体，来判决谁承担责任。鉴于此案张三仅起诉了李四，故法院判决李四承担返还责任，如果原物已经损坏或灭失的，李四应当承担赔偿责任。

第二节　委托代理

【案例　紧急情况下的转委托】

（一）案情摘要

张三所种的杏今年获得了大丰收。张三每天都要摘一车杏拉到市里去卖。这天夜里，张三的儿子突然生病，第二天早上，张三找到本村的运输专业户李四，二人商量，由李四拉上张三的五十箱杏，拉到市里随行就市卖掉，卖完抽5%给李四做报酬。于是李四把张三的五十箱杏装上车，拉到市里去卖。不想，车行中途，天降大雨，道路泥泞不堪，李四的车陷入一大坑中无法继续往前进。适逢同村的王五开车经过此地，李四怕车在坑中一时半会出不来，今天的杏再卖不出去，于是赶紧拦住王五，请他帮忙把杏拉到市里卖掉。王五把杏拉到市里已是下午，批发高峰已过，王五看到杏是熟透的，担心捂的时间一长会烂掉，于是降价1/3出售。事后李四把王五交给的卖杏款扣除5%给了张三，张三一算自己损失几百元，便提出李四擅自让王五卖杏，造成自己损失这么多，李四不该再拿5%的报酬，而且应赔偿自己的损失。李四则称杏是王五降价处理的，只能怪王五，讲好的5%的报酬自己不能少。为此，张三诉至法院。

（二）相关法理知识及案例评析

本案涉及两个问题：李四委托王五卖杏的行为是否有效？张三的损失由谁承担？

《民法总则》第169条规定："代理人需要转委托第三人代理的，应当取得被代理人的同意或者追认。转委托代理经被代理人同意或者追认的，被代理人可以就代理事务直接指示转委托的第三人，代理人仅就第三人的选任以及对第三人的指示承担责任。转委托代理未经被代理人同意或者追认的，代理人应当对转委托的第三人的行为承担责任，但是在紧急情况下代理人为了维护被代理人的利益需要转委托第三人代理的除外。"

根据以上规定，就本案情况，李四作为张三的委托代理人，本应亲自完成代理事务，但由于发生意外情况，使其无法及时履行代理职责。在这种情况下，李四转托王五代卖杏，完全是为了张三的利益，否则，熟透的杏很快就会捂烂，会给张三造成更大的损失。而且，在当时的情况下，李四根本无法及时和张三取得联系，所以，当时的情况属于《民法总则》中规定的"紧急情况"，即使张三事前不知道，事后予以反对，但李四转托王五这一转托代理行为仍然有效，张三的损失也应由张三自己承担。

（三）处理结果

法院认定李四的转委托行为是在紧急情况下为了维护张三的利益作出，其行为有效。鉴于李四没有亲自完成代理事项，且张三确实遭受了损失，故法院对双方进行了调解，核减了李四的报酬金额后，双方达成调解结案。

【案例 是否构成表见代理？】

（一）案情摘要

王某与华某（女）于2012年结婚。2014年王某的父亲在老家去世，王某一人奔丧回家，将父亲的后事料理完之后，王某将变卖房屋的18 000元钱，连同父亲遗留的5000元钱一起以自己的名义存入银行。2016年，夫妇俩想在家乡开饭馆，华某主张租房，而王某则想买房，最后两人决定让刘某先给他们租三间房，如果有价格合适的房再通知他们。刘某得知一家饭馆正好要出卖，价钱也仅有同地段商品房的2/3，于是刘某没有通知王某夫妇就自己垫付2万元钱以王某的名义先买了下来。知道此事华某坚决反对，认为刘某的行为没有得到他们的授权，应由他自己承担后果；但是王某却同意，并从自己的存款中取出钱汇给刘某，并委托刘某以他的名义办理了产权过户手续。夫妇俩回家经营饭馆一年后，由于两人关系恶化，王某提出离婚。华某同意离婚，但主张房屋应有其一半产权。

（二）相关法理知识及案例评析

本案涉及的关键问题是刘某的行为是否属于无权代理？其效力对华某最终是否有效？该房屋华某是否享有产权？

《民法总则》第172条规定："行为人没有代理权、超越代理权或者代理权终止后，仍然实施代理行为，相对人有理由相信行为人有代理权的，代理行为有效。"因为王某夫妇只授权刘某租房，并没有要求他买房，刘某是超越代理权的无权代理。但是王某在后来以汇款和委托他办理过户手续的事实对刘某的行为予以了追认。王某的追认应该不仅仅对王某本人有效，对华某也同样有效。因为王某与华某是夫妻，刘某有理由相信其妻同意买房，而且华某在事后并没有表示反对，而是与王某一同回家以此房经营饭馆，其行为已经是对王某代理的默认，故刘某的行为是无权代理，且构成了表见代理。

此房是王某与华某夫妻关系存续期间所购买，应属于夫妻共同财产。虽然王某购房款是其父的遗产，但是根据我国《婚姻法》，在夫妻关系存续期间，一方继承所得的财产也是夫妻共同财产，而不是王某的个人财产，故华某对该房屋享有所有权。

（三）处理结果

法院受理了该起离婚诉讼，并在双方夫妻感情破裂的基础上判决离婚，对争议的财产房屋认定为夫妻共有财产，并进行分割。

第十章
民事责任

【知识串讲】

（一）概念

民事责任，对民事法律责任的简称，是指民事主体在民事活动中，因实施了民事违法行为，根据民法所承担的对其不利的民事法律后果或者基于法律特别规定而应承担的民事法律责任。民事责任属于法律责任的一种，是保障民事权利和民事义务实现的重要措施，是民事主体因违反民事义务所应承担的民事法律后果，它主要是一种民事救济手段，旨在使受害人被侵犯的权益得以恢复。

（二）特点

1. 强制性

民事责任的强制性是其区别于道德责任和其他社会责任的基本标志。民事责任强制性的表现主要有两点：

（1）在民事主体违反合同或者不履行其他义务，或者由于过错侵害国家、集体的财产，侵害他人财产、人身时，法律规定应当承担民事责任。

（2）当民事主体不主动承担民事责任时，通过国家有关权力机构强制其承担责任，履行民事义务。

2. 财产性

民事责任以财产责任为主，非财产责任为辅。一方不履行民事义务的行为，给他方造成财产和精神上的损失，通常通过财产性赔偿的方式予以恢复。但是仅有财产责任不足以弥补受害人的损失，因此，《民法通则》也规定了一些辅助性的非财产责任。

3. 补偿性

民事责任以弥补民事主体所受的损失为限。就违约责任而言，旨在使当事人的利益达到合同获得适当履行的状态；侵权责任，旨在使当事人的利益恢复到受损害以前的状态。

（三）构成要件

（1）损害事实的客观存在。损害是指因一定的行为或事件使民事主体的权利遭受某种不利的影响。权利主体只有在受损害的情况下才能够请求法律上的救济；

（2）行为的违法性。指对法律禁止性或命令性规定的违反。除了法律有特别规定之外，行为人只应对自己的违法行为承担法律责任；

（3）违法行为与损害事实之间的因果关系。作为构成民事责任要件的因果关系指行为人的行为及其物件与损害事实之间所存在的前因后果的必然联系；

（4）行为人的过错。行为人的过错是行为人在实施违法行为时所具备的心理状态，是构成民事责任的主观要件。

（四）民事法律责任的免责事由

民事责任在一定条件下可以免除：

（1）不可抗力。即不能预见、不能避免并不能克服的客观情况，如地震、水灾、战祸等。

（2）正当防卫。即为了保护国家、集体、他人或自己的合法权益免受正在进行的违法行为的侵害，对侵害人进行必要限度的反击行为。

（3）紧急避险。即在发生了某种紧急危险时，为了避免造成更大的财产损害和人身伤害而不得不对他人的财产或人身造成一定的损害（见自力救助）。

（五）民事责任的种类

1. 合同责任、侵权责任与其他责任

根据责任发生根据的不同，民事责任可以分为合同责任、侵权责任与其他责任。合同责任是指因违反合同约定的义务、合同附随义务或违反《合同法》规定的义务而产生的责任，又称为违约责任。侵权责任是指因侵犯他人的财产权益与人身权益而产生的责任。其他责任就是合同责任与侵权责任之外的其他民事责任，如不当得利、无因管理等产生的责任。

2. 按份责任、平均责任、连带责任

在共同责任中还可以区分为按份责任、平均责任与连带责任。

（1）按份责任及平均责任。按份责任是指多数当事人按照法律的规定或者合同的约定，各自承担一定份额的民事责任。在按份责任中，债权人如果请求某一债务人清偿的份额超出了其应承担的份额，该债务人可以予以拒绝。如果法律没有规定或合同没有约定这种份额，则推定为均等的责任份额，即平均责任。

（2）连带责任。连带责任是指多数当事人按照法律的规定或者合同的约定，连带地向权利人承担责任。如因违反连带债务或者共同实施侵权行为而产生的责任，各个责任人之间具有连带关系，应当承担连带责任。在连带责任中，权利人有权要求责任人中的任何一个人承担全部或部分的责任，责任人不得推脱。任何一个连带债务人对债权人做出部分或全部清偿，都将导致责任的相应部分或全部消灭。

按份责任与连带责任的区别在于多数债务人对于债权人的外部关系而不是内部关系。任何连带责任在债务人内部关系上都是按份责任。同按份责任一样，假如法律没有规定或合同没有约定这种份额，则推定为均等的责任份额，如果哪一个债务人清偿债务超过了自己应承担的份额，有权向其他债务人做相应的追偿，这种权利叫代位求偿权。

【案例一　到底是侵犯了生命权还是正当防卫？】

（一）案情摘要

张三一家夜晚睡觉之时，家中来了一个不速之客，一名盗贼潜入家中，意欲行窃，不想惊动了家中的鹦鹉，鹦鹉大喊：你谁呀？张三惊醒，与盗贼厮打，并将其擒获。因在厮打过程中，此盗贼负伤，由派出所将其送往医院。不久，张三受到法院传票，该传票原告为该窃贼，诉状中载明该窃贼以张三"侵犯其生命健康权"为由，要求承担经济赔偿责任。

（二）相关法理知识及案例评析

所谓正当防卫是指为了使公共利益、本人或者他人的财产或人身免受正在遭受的不法侵害而对行为人本身采取的防卫措施。《民法总则》第181条规定："因正当防卫造成损害的，不承担民事责任。正当防卫超过必要的限度，造成不应有的损害的，正当防卫人应当承担适当的民事责任。"《侵权责任法》第30条规定："因正当防卫造成损害的，不承担民事责任。正当防卫超过必要的限度，造成不应有的损害的，正当防卫人应当承担适当的责任。"

正当防卫必须具备以下条件：①防卫必须出于正当的目的，

即为了避免公共利益、本人或者他人的财产及人身遭受损害；②侵害行为必须是正在进行的、现实的；③防卫必须对行为人本人实施；④防卫不能超过必要的限度造成不应有的损害。

在本案中，张三为了避免本人的财产遭受损害，对正在进行的盗窃行为进行制止，在制止过程中虽然造成了该窃贼的人身损害，但没有超过必要的限度，没有造成不必要的损害，故构成正当防卫，不应当承担赔偿责任。

（三）处理结果

此案经法院调查庭审作出判决：张三属于正当防卫，且没有超过必要的限度，没有造成不应有的损害，故对窃贼的人身损害不承担任何赔偿责任，驳回原告诉讼请求。

【案例二　为了避免发生交通事故而引起的另一场交通事故】

（一）案情摘要

2017 年 5 月 5 日，呼和浩特市公交车司机张三驾驶 19 路公共汽车在正常拐弯时，突然发现前面不远处李四驾驶一辆私家车违章迎面驶来，眼看一场惨重的车祸就要发生，张三见状眼疾手快，急忙转动方向盘，往右一拐，驶入人行道，车祸是避免了，却把在人行道上行走的王五撞伤。王五经过医院治疗，花去医疗费 13 万元。事后，王五找到公交公司，要求赔偿医疗费以及其他各项损失共计 20 万元。公交公司则认为，损害是由李四违章驾驶一手造成的，责任在于李四。而李四则称，自己只是违反了交通法规，应由交通法规来处理，王五又不是自己撞伤的，故对王五的损失不负责任。三方争执不下，王五诉至法院。

（二）相关法理知识及案例评析

紧急避险是指为了防止公共利益、本人或者他人的合法权益免受正在遭受的紧急危险，不得已而采取的损害另一较小利益的行为。《民法总则》第 182 条规定："因紧急避险造成损害的，由引起险情发生的人承担民事责任。危险由自然原因引起的，紧急避险人不承担民事责任，可以给予适当补偿。紧急避险采取措施不当或者超过必要的限度，造成不应有的损害的，紧急避险人应当承担适当的民事责任。"

紧急避险的条件：①危险必须是现实存在的；②避险行为必须在不得已的情况下为之；③避险行为不得超过必要的限度。

本案中张三的行为构成紧急避险。张三驾车驶入人行道是在情况紧急、马上就要发生车祸的情势下，迫不得已而实施的，而且以撞伤李四的较小损害来避免了一起两车相撞、车毁人亡的重大交通事故。因此，张三的行为符合紧急避险的构成要件。

《侵权责任法》第 31 条规定："因紧急避险造成损害的，由引起险情发生的人承担责任。如果危险是由自然原因引起的，紧急避险人不承担责任或者给予适当补偿。紧急避险采取措施不当或者超过必要的限度，造成不应有的损害的，紧急避险人应当承担适当的责任。"

（三）处理结果

法院根据《民法总则》第 182 条的规定，认定这是因为人为原因引起的紧急避险造成的损害，应由引起险情的人承担赔偿责任。本案李四是引起险情的人，当然应由李四来承担王五的一切损失赔偿责任。张三是基于紧急避险实施的行为，其采取措施并无不当，故其不承担赔偿责任。

第十一章
诉讼时效

【知识串讲】

（一）概念

诉讼时效是指权利人在法定期间内不行使权利，即丧失向人民法院提出依法保护其民事权利的请求权的法律制度。

（二）诉讼时效的特点

①是法定期间，属强制性的规定，不得协议变更；②是可变期间，依法定事由，可延长、中止、中断；③是向法院请求保护其权利的期间。

（三）诉讼时效的效力

①胜诉权消灭，即债权不能通过法律强制实现；②实体权利不消灭，即诉讼时效届满，债权人对债务人自愿履行的债务仍享有受领保持力，债务人履行后不得请求返还；③权利人不丧失起诉权，即当事人超过诉讼时效期间起诉的，人民法院应予受理，受理后查明无中止、中断、延长事由的，判决驳回其诉讼请求；④法庭审理不得主动适用诉讼时效。

（四）诉讼时效期间

《民法总则》第188条规定："向人民法院请求保护民事权利的诉讼时效期间为三年。法律另有规定的，依照其规定。"

（五）诉讼时效期间的起算、中止、中断和延长

1. 诉讼时效期间的起算

诉讼时效期间从知道或者应当知道权利被侵害时起计算，具体说应是从权利人能行使权利之日起算。诉讼时效期间的起算，法律有特别规定的，应依法律的特别规定。

2. 诉讼时效的中止

诉讼时效的中止，是指在诉讼时效进行中，因发生一定的法定事由，而使权利人无法行使请求权，暂时停止计算诉讼时效期间，待阻碍期间进行的法定事由消除后，继续进行期间的计算。

中止事由：不可抗力（不能预见、不能避免并不能克服的客观情况）或者其他障碍（如权利人为无、限制民事行为能力人而无法定代理人或法定代理人已死亡或丧失行为能力；继承开始后，没有确定继承人或遗产管理人等其他可由法官自由裁量的情况）。

中止时间：在诉讼时效期间的最后 6 个月内。

3. 诉讼时效的中断

诉讼时效的中断，是指在诉讼时效进行中，因法定事由的发生致使已经进行的诉讼时效期间全部归于无效，诉讼时效期间重新计算。

4. 诉讼时效的延长

诉讼时效的延长，是指在诉讼时效期间届满以后，权利人基于某种正当理由，向人民法院提起诉讼时，经人民法院调查确有正当理由而将法定时效期间予以延长。它是中止、中断的补充。

【案例 诉讼时效的中断与新旧法的衔接】

（一）案情摘要

张三、李四均是菜农，二人是好朋友。一天，张三约李四

到自家小酌。李四到张家后，看到张三喂着一条毛色很亮的狗，张三即向李四吹嘘此狗对他如何忠诚，说着，便走过去解开拴狗绳，想让狗在李四面前表演一番。不料，狗一下窜起，冲着李四的腿就咬了下去，李四大惊，从椅子上跌翻过去，头被碰破，当场昏迷。张三急忙把李四送到医院，其时是 2016 年 10 月 10 日。李四被送进医院后，腿伤很快治好，但脑袋留下了头痛的后遗症。出院后，张三主动为其支付了 2000 元的治疗费，并经常购买补养品看望李四，碍于情面，李四一直没提另外 3000 元医疗费的问题。2017 年 10 月 8 日，张三又送来 1000 元治疗费。但在 2018 年 3 月 2 日李四向张三提出让其支付住院期间的另 3000 元医疗费时，张三称自己一直在为李四支付一些营养费，不愿承担住院时 3000 元的医疗费。李四遂于 2018 年 3 月 5 日起诉到人民法院，但张三认为李四的损害已超过诉讼时效。

（二）相关法理知识及案例评析

李四的损害赔偿权是否已超过诉讼时效？根据旧的《民法通则》第 136 条规定："身体受到伤害要求赔偿的诉讼时效期间为一年。"第 137 条规定："诉讼时效期间从知道或者应当知道权利被侵害时起计算。"如果李四在一年内当时从未主张过，或者张三在一年内从未向李四支付过相关费用，那么就不存在中断的事由，事故发生是在 2016 年 10 月 10 日，2017 年 10 月 10 日就已经超过诉讼时效。但因为在一年期间内，张三曾经支付过相关的费用，故诉讼时效存在中断的情形。根据是旧的《民法通则》第 140 条的规定："诉讼时效因提起诉讼，当事人一方提出要求或者同意履行义务而中断。从中断起诉讼时效期间重新计算。"

而在本案中还存在新旧法的衔接问题，就是在《民法总则》中将诉讼时效统一规定为 3 年，除法律有特殊规定外，不再对如人身损害赔偿等案件的诉讼时效作出特殊规定。本案件侵权发生在《民法总则》施行之前，但诉讼却在《民法总则》施行之后，根据《最高人民法院关于适用〈中华人民共和国民法总则〉诉讼时效制度若干问题的解释》第 1 条规定："民法总则施行后诉讼时效期间开始计算的，应当适用民法总则第一百八十八条关于三年诉讼时效期间的规定。当事人主张适用民法通则关于二年或者一年诉讼时效期间规定的，人民法院不予支持。"第 2 条规定："民法总则施行之日，诉讼时效期间尚未满民法通则规定的二年或者一年，当事人主张适用民法总则关于三年诉讼时效期间规定的，人民法院应予支持。"第 3 条规定："民法总则施行前，民法通则规定的二年或者一年诉讼时效期间已经届满，当事人主张适用民法总则关于三年诉讼时效期间规定的，人民法院不予支持。"第 4 条规定："民法总则施行之日，中止时效的原因尚未消除的，应当适用民法总则关于诉讼时效中止的规定。"根据以上规定，在《民法总则》施行之日，本案的诉讼时效尚未满一年，故完全可以适用三年的诉讼时效规定，故张三的抗辩不成立，本案诉讼时效未果。

（三）处理结果

法院认定张三关于诉讼时效的抗辩理由不成立，应当承担对李四侵权的赔偿责任。

第二编
物　权

第一章
物权概述

【知识串讲】

（一）物权的概念和特征：物权是民事主体直接支配财产的
　　　权利

①物权是支配权；②物权是绝对权；③物权是财产权；④物权的客体是物——有体物、特定物、独立物、非禁止流通物；⑤物权具有排他性———物一权主义，如一间房屋不能同时有两个所有权；⑥物权保护具有绝对性——任何人侵入或干涉，法律给予物权以绝对的保护。

（二）物权的本质——其财货归属功能

（三）物权和债权的关系

（1）物权为支配权——对世权，债权为请求权——对人权。

（2）物权具有排他性，债权具有相容性。即，同一标的物上不能有两个或两个以上互不相容的物权存在，而债权则允许同时或先后设立数个内容相同的债权，且不发生排他效力。

（3）物权具有优先性，债权具有平等性——即同一标的物上并存数个相容的物权时，先成立的物权一般优先于后成立的物权；而债权则不论成立先后，均平等地受偿。

（4）物权具有追及性，债权没有追及性——即物权的标的物不论落到何人之手，一般来说物权人都可以追及其物之所在而行使权利；而债权标的物若被第三人占有，不论占有是否合法，债权人一般不得直接向第三人请求返还。

第一节 物权法的基本原则——公示、公信原则

【案例 我的房子谁做主？】

（一）案情摘要

张三自建起一栋二层楼房后，约好友李四一同去房管机构办理权属登记。由于房管机构的工作人员疏忽，将所有权人错误登记为李四，张三一时大意并未察觉。随后张三因长期外出务工，遂将该房屋交由李四保管。后来，某日李四向王五借款15万元，并以该楼房作为抵押，双方去房管机构办理了抵押登记。后因李四不能按时还款付息，便与王五协商将该楼房拍卖偿还借款。张三得知此事后一方面要求房管机构撤销错误登记并确认其为所有权人，一方面坚决反对王五拍卖楼房。因最终无法达成协议，张三遂将李四和赵五一同诉至法院，要求确认二者间的抵押合同无效。

（二）相关法理知识及案例评析

本案核心的问题有二：①李四和王五的抵押合同是否有效？②张三应如何保护自己的权益？

1. 争议焦点

一种意见认为：尽管本案争议的楼房产权登记为李四所有，但是该登记为错误登记，张三是该楼房的实际所有人。李四未经张三允许擅自将该房屋抵押给他人，属于无权处分，其抵押行为无效。因此应当支持王某的诉讼请求。

另一种意见认为：尽管李四并非该楼房的实际所有权人，

但产权证上登记的权利人是李四，且李四实际居住该房屋。王五在不知情的情况下有理由相信该楼房归李四所有，应当保护善意第三人的合法权益，因此不应支持张三的诉讼请求。张三只可以通过对李四提起侵权之诉的方式要求李四赔偿损失。

2. 分析

本案体现了物权法的公信原则。所谓公信原则，是指物权变动的公示方式所表现的物权即使与真实的权利状态不一致，但对于信赖此项公示方法所表示的物权而为物权交易的人，法律仍承认其具有与真实物权存在相同的法律效果而加以保护的原则。物权法的公信原则虽然在一定程度上减弱了物权追及效力，但是有利于维护整体交易安全和秩序，因此成为近代各国物权法的基本原则之一，我国《物权法》的规定也体现了该原则。

公信原则要求，对于不动产物权的变动，以登记为其公示方法，对于动产物权的变动，以交付为其公示方法。

（1）不动产物权公示：登记。首先，不动产物权以登记为其公示方法，因此彰显出物权登记的公信力，即物权登记机关在登记簿上所作的各种登记，具有使社会公众相信其正确的法的效力。具体表现在：第一，在法律上推定登记记载的权利人为真正的权利人；第二，凡是信赖登记所记载的权利而与登记簿上记载的权利人进行交易的人，法律承认其行为具有与真实物权相同的法律效果。即使是在登记权利人与真实权利人不一致的情况下，法律也推定登记记载的权利人为真正权利人，使交易中的善意第三人仍然能确定地取得其名下登记的所有权。但是这样做将会使真正的权利人丧失所有权，因此公信原则并非对任何情况的第三人都提供庇护伞，而只是维护善意第三人的信赖利益。

第三人受登记公信力保护的条件为：①第三人须为善意。所谓善意，一是不知情，即相对人在从事交易时不知道或不应当知道交易的另一方当事人并非真正的权利人，二是第三人支付了适当的对价。如果第三人不是善意，将不受公信原则的保护。②第三人取得权利须基于法律行为，不是基于法律行为或者法律行为在其他方面存在无效原因的，均不受登记公信力的保护。③须登记错误不能从登记簿中发现，且登记簿无异议登记，否则将会阻却公信力发生效力。

我国《物权法》第9条规定："不动产物权的设立、变更、转让和消灭，经依法登记，发生效力；除法律另有规定的以外，未经登记，不发生效力。"但属于国家所有的自然资源，所有权可以不登记。即该条原则上规定不动产物权登记是不动产物权的法定公示手段，是不动产物权设立、变更、转让和消灭的生效要件，也是不动产物权依法获得承认和保护的依据。本条规定了"未经登记，不发生效力，但法律另有规定的除外。"这里的"法律另有规定的除外"，主要包括三方面的内容：①依法属于国家所有的自然资源，所有权可以不登记。我国法律规定，矿藏、水流、海域属于国家所有；城市的土地，属于国家所有；法律规定属于国家所有的农村和城市郊区的土地，属于国家所有；除法律规定属于集体所有的以外，森林、山岭、草原、荒地、滩涂等自然资源，属于国家所有；法律规定属于国家所有的野生动植物资源，属于国家所有。这些国家所有的自然资源，所有权可以不登记。②《物权法》第二章第三节规定的物权的设立、变更、转让和消灭的一些特殊情况，即主要是非依法律行为而发生的物权变动的情形。③考虑现行法律的规定以及我国的实际情况，尤其是农村的实际情况，《物权法》并没有一概规定所有的不动产物权必须经依法登记才发生效力。

（2）动产物权公示：交付。由于动产物权的享有以占有为其公示方法，因此对动产的实际占有也就具有了使社会公众相信占有人对其占有的动产享有物权的公信力。因此《物权法》第23条规定："除法律另有规定的以外，动产物权的设立和转让，自交付时发生效力。"物权法上所说的交付，指的是物的直接占有的转移，即一方按照法律行为要求，将物的直接占有移转给另一方的事实。

具体到本案，因房管机关的错误登记，房产证上登记的房屋所有权人为李四，这一登记具有公信力。而且张三长期外出务工，将该楼房交由李四保管，王五不知道权利上存有瑕疵，因此王五是善意第三人，其对该房屋享有的抵押权应为物权登记的公信力所保护，王五可以通过拍卖该房屋来实现自己的债权。张三不得主张李四与王五之间的抵押行为无效，但是李四的无权处分侵害了张三的所有权，张三可以对李四提起侵权之诉，要求李四赔偿损失以获得救济。因此，第二种意见是正确的。

（三）处理结果

法院认定李四与王五之间的抵押合同合法有效，因此驳回了原告张三的诉讼请求。

第二节 确认物权请求权与不动产登记制度

【知识串讲】

物	动 产	不动产
分类标准：是否具有可移动性	能够移动且移动后不会改变或损害其价值的物	不能够移动或虽可移动，但移动后会改变或损害其价值的物
例 证	金银、砍伐后的树木等	土地、房屋、森林等

物		动　产	不动产
区分的法律意义	所有权人	除限制、禁止流通物外，任何自然人或组织都可以成为所有权人	除房屋外，不动产中的土地、森林等，只能成为国家或集体所有权的客体
	物权变动的公示方法	交付	登记
	设立他物权类型不同	可设定质权和留置权	可设定抵押权而不能设定质权和留置权
	是否发生相邻关系	不发生	发生
	发生争议时的地域管辖	普通管辖	专属管辖（不动产所在地法院管辖）

【案例　我想办理物权登记】

（一）案情摘要

2010 年 12 月 13 日，刘某作为乙方与甲方山西阿琳公司在平等自愿、协商一致的基础上签订了《协议书》，约定了山西阿琳公司将位于内蒙古呼和浩特市赛罕区开发建设的"皇天后土娱乐城"项目中（除东、西两楼外）的 12 幢楼房及该楼房占用范围内的土地使用权以现有状况转让给乙方。上述房屋建筑面积 22 000 平方米，该房屋占用范围内的土地使用权约 20 000 平方米。上述房屋及土地使用权的转让单价为 3200 元/m²，总转让价款暂定为人民币 70 400 000 元，最终按实际建筑面积结算，多退少补。对于转让价款的支付时间分别为：定金 200 万元，在签订合同之前支付，甲方在签订合同时确认已收到该定金；其后分三期支付转让款，分别为：第一期，2010 年 12 月 13 日前向甲方支付 1500 万元（含乙方已经支付给甲方的 200 万元定金，实际须支付 1300 万元整），双方交接上述房产；第二期，2011 年 3 月 30 日前乙方应再向甲方支付 3000 万元；第三期，余款在甲方取得所转让的 12 幢楼房房产所有权证后书面通知乙方，乙方在收到通知后 7 日内付清余款。协议第 4 条同时约定，如甲方在本协议未解除的情况下，将 12 幢楼房房产产权及该楼房占用范围内的土地使用权转让给其他人，除全额退还乙方已支付的款额外，还需要向乙方支付 500 万元的违约金。

该协议签订后，刘某按照约定向山西阿琳公司支付转让款 4500 万，最后一期的余款因一直未收到山西阿琳公司的通知，所以未能支付。2017 年因呼和浩特市政府要在昭乌达路上建设南北贯通的高架桥，而该房产及土地恰在该建设范围内，故山西阿琳公司与赛罕区征拆办开始协商该房屋及土地的征收事宜，刘某知道后，去赛罕区征拆办了解了相关情况，后去呼和浩特市房管局询问发现山西阿琳公司已经于 2017 年 9 月办理了 12 幢楼的产权证，其中 7 号楼登记在了案外第三人的名下。

2018 年 1 月，刘某起诉山西阿琳公司，提出诉讼请求，要求继续履行合同并承担违约责任。其中继续履行合同即要求被告办理除 7 号楼以外的所有房屋的房屋过户登记手续，并确认对涉案房屋具有所有权。在第一次开庭审理时，山西阿琳公司陈述涉诉的 11 号楼和 14 号楼已经被赛罕区征拆办拆除，拆迁协议已经签订，但未获得拆迁款。面临这种新情况，刘某遂变更了诉讼请求，变更为：（1）请求判令被告继续履行《协议书》，判令被告向原告办理登记过户（去除已经无法履行的 7 号楼、11 号楼、14 号房产除外）；（2）请求判令被告因将 7 号楼登记在他人名下的违约行为向原告支付违约金 500 万元；（3）请求判令因被告的违约行为给原告造成 11 号楼、14 号楼无法办理登记过户的损失 19 585 186 元（具体的损失数额为 11 号楼、14 号楼的拆迁款减去合同约定的 11 号楼、14 号楼的价值）。（4）请求贵院判令被告承担本案的诉讼费、诉前财产保全费及保险费 70 400 元。

（二）相关法理知识及案例评析

1. 房地产权属登记

房地产属于典型的不动产，其物权采用登记的方法进行公示。根据《物权法》的规定，除法律另有规定的外，不动产物权的设立、变更、转让和消灭，经依法登记，发生效力；未经登记，不发生效力。

（1）不动产登记。我国《物权法》第二章第一节对不动产登记的有关事项作出了规定，其中第 10 条至第 13 条对不动产登记机构及其职责、登记所需材料等分别作出了规定。根据《物权法》第 10 条的规定，我国不动产实行统一登记制度，而此前我国不动产登记是实行分部门登记的办法。根据《物权法》第 11 条的规定，申请登记的当事人，应当根据不同登记事项提供权属证明和不动产界址、面积等必要材料。根据《物权法》第 12 条的规定，不动产登记机构在登记时不仅要"查验申请人提供的权属证明和其他必要材料"，"就有关登记事项询问申请人"，而且"申请登记的不动产的有关情况需要进一步证明的，登记机构可以要求申请人补充材料，必要时可以实地查看"。这表明我国不动产登记的审查实行以形式审查为主，以实质审查为辅的模式。根据《物权法》第 13 条的规定，登记时登记机构不得要求对不动产进行评估，也不得以年检等名义进行重复登记。

我国《物权法》还对不动产的预告登记和异议登记作出了规定。《物权法》第 19 条规定："利害关系人认为不动产登记簿记载的事项错误的，可以申请更正登记。不动产登记簿记载的权利人不同意更正的，利害关系人可以申请异议登记。登记机构予以异议登记的，申请人在异议登记之日起十五日内不起诉，异议登记失效。异议登记不当，造成权利人损害的，权利人可以向申请人请求损害赔偿。"《物权法》第20条规定："当事人签订买卖房屋或者其他不动产物权的协议，为保障将来实现物权，按照约定可以向登记机构申请预告登记。预告登记后，未经预告登记的权利人同意，处分该不动产的，不发生物权效力。预告登记后，债权消灭或者自能够进行不动产登记之日起三个月内未申请登记的，预告登记失效。"

（2）房地产权属登记。房地产权属登记是指法律规定的房地产管理机构，对房地产的权属情况进行持续登记。房地产权属是指房地产所有权、使用权及其他权利，如租赁权、地役权等。房地产的权属状况包括房地产权利人、房地产权利的来源和取得时间、房地产的坐落、面积、结构、用途等。房地产权属登记是国家确认房地产产权归属的法定程序，经登记的房地产产权，受国家法律保护，任何单位和个人不得侵犯。

我国房地产登记具有以下特征：①房地产权属登记为房地产权利动态登记。即当事人对房地产权利的取得、变更、丧失均必须依法登记，房地产权属登记不仅登记权利的静止状况，而且也登记权利的动态过程，使第三人可以就登记的情况，推知该房地产的权利状态。②房地产权属登记实行强制登记制度。即房地产权利初始登记后，涉及权利变更、转移、消灭等，权利人必须申请登记，若不进行登记，不产生不动产物权变更、转移或者消灭的效力。③颁发权利证书，即房地产权属登记机构对权利人申请登记的权利，按程序登记完毕后，颁发权利证书，权利证书为权利人享有权利的凭证；不动产权属证书记载的事项，应当与不动产登记簿一致；记载不一致的，除有证据证明不动产登记簿确有错误外，以不动产登记簿为准。

我国房地产权属登记包括申请登记、勘验绘图、产权审查、绘制权证和收费发证五项程序。房屋权属登记要求产权来源清楚，证件齐全，手续完备，符合法律法规，没有权属纠纷；申请人要提供证明身份和产权来源的证件、证明材料，并有相应的时间限制。

（3）不动产权属登记与不动产转让合同的效力。《物权法》第 15 条规定："当事人之间订立有关设立、变更、转让和消灭不动产物权的合同，除法律另有规定或者合同另有约定外，自合同成立时生效；未办理物权登记的，不影响合同效力。"第 14 条规定："不动产物权的设立、变更、转让和消灭，依照法律规定应当登记的，自记载于不动产登记簿时发生效力。"

就本案而言，涉及几个核心问题：①刘某与山西阿琳公司签订的协议是否有效？②对于征拆办与山西阿琳公司签订的征收补偿协议是否有效？③11 号楼和 14 号楼是否可以办理过户登记，原告要求办理过户登记合适还是要求损害赔偿合适？④如果原告直接索要征拆款是否能够得到支持？

首先，刘某与山西阿琳公司签订的协议是双方的真实意思表示，双方均具有完全民事行为能力，且内容不违反法律法规的强制性规定，所以，协议合法有效。虽然双方最终没有办理涉案房屋的过户登记，但根据《物权法》第 15 条的规定，不影响合同效力。

其次，征拆办与山西阿琳公司签订的合同性质属于行政合同，该行政合同以山西阿琳公司作为签订主体并无不当，根据《物权法》第 14 条的规定，虽刘某与山西阿琳公司约定了涉案不动产的转让，但因未办理物权登记，由于山西阿琳公司已经办理了不动产的物权登记，故征拆办只能与山西阿琳公司签订征拆协议，该征拆协议不违反法律法规的强制性规定，也属于有效合同。

再次，11 号楼、14 号楼已经被拆除，意味着该物已不存在，物权也已经灭失，故再要求对 11 号楼和 14 号楼办理过户登记已不具有可能性。且载最高人民法院《人民司法·案例》2011 年第 4 期的案例，江苏省无锡市中级人民法院［2009］锡民再终字第 0039 号"任某诉任某荣物权确认纠纷案"，见姚某斌：《对已拆除的房屋能否判决确权》，确认"因合法建造、拆除房屋等事实行为而设立和消灭物权的，自事实行为成就时发生效力。建造房屋属于取得权利的事实行为，房屋建好后即在事实上产生了房屋的所有权，建造人亦因此取得该房屋的所有权。房屋一经拆除，标的物归于灭失，物权也随之消灭。当事人诉请确认其对该房屋享有所有权，在事实上已成为不可能，其诉讼请求不应支持"。故当事人诉请确认其对已经拆除的房屋享有所有权的，人民法院不应支持。

最后，如果原告直接索要征拆款能够得到支持。参照最高人民法院［2017］最高法民再 407 号"秦某孝（买方）与孙某国买卖合同纠纷案"，认定：依据《合同法》第 135 条"出卖人应当履行向买受人交付标的物或者交付提取标的物的单证，并转移标的物的所有权的义务"之规定，孙某国在已收取了购房款的情况下，本应及时将出卖房屋过户登记至秦某孝名下，现因政府拆迁政策的原因而致涉案房屋物权消灭，在此情况下，秦某孝可选择解除合同，也可选择主张所购房屋产权消灭的对价，即拆迁补偿款。现因孙某国亦尚未实际领取拆迁补偿款，则秦某孝请求确认其享有上述征收补偿协议中孙某国所出卖给秦某孝的房屋及土地使用权等财产所对应的拆迁补偿款，符合法律规定和权利义务相一致原则，应予支持。根据该判决，原告如果直接索要拆迁款，法院也应支持。如果原告选择解除合同并要求赔偿损失，亦应该得到法院的支持。

（三）处理结果

该案仍在呼和浩特中级人民法院的审理过程中，法院已经将拆迁款进行提存。

第二章
物权变动

【知识串讲】

（一）物权变动的概念

物权的变动，是物权的设立、变更、转让和消灭的总称。

（1）物权的设立，即物权人取得了物权，它在特定的权利主体与不特定的义务主体之间形成了物权法律关系，并使特定的物与物权人相结合。

（2）物权的变更，是指物权的（主体）内容或客体的变更。

（3）物权的消灭，即物权的丧失，可以分为绝对的消灭与相对消灭。严格地说，物权的相对消灭并非物权消灭的问题，而应当是属于物权的继受取得或主体变更的问题。

（二）物权的变动的原则

1. 公示原则

公示原则要求物权的设立、变更、消灭必须以一定的可以从外部察知的方式表现出来。

2. 公信原则

物权的变动以登记和交付为公示方法，当事人如果信赖这种公示而为一定的行为（如买卖、赠与），即使登记或交付所表现的物权状态与真实的物权状态不相符合，也不能影响物权变动的效力。这就是公信原则的基本要求。

【案例　物权变动纠纷案】

（一）案情摘要

甲房地产公司与乙公司就买卖房屋达成协议，双方签订了房屋购买合同，乙公司购买甲房地产公司面积为 3000 平方米的写字楼，总价款为 3000 万元。合同履行期届至，买方乙公司交付了价款，但比约定的清偿期迟延了 10 天。同时卖方甲房地产公司也依合同约定完成交付，将该楼盘移转给乙公司占有，并着手办理产权过户手续。在此期间，经交付已实际占有该房屋的乙公司因业务调整的需要，又将该房屋以每平方米 11 000 元的价格转让给第三人丙公司，双方订立了房屋买卖合同。丙公司在购买时到房地产登记部门查阅登记，登记机关告知该房产过户手续已经领导批准，正在办理中。丙公司便向乙公司支付了 3300 万元总价款，并与乙公司完成了该房产的交付。至此，该房产已由第三人丙公司占有。其后，丙公司要求登记机关一次性将该房产过户登记到其名下。后由于甲公司了解到该楼盘所处地区将由政府规划开发为商业区，该处楼盘房价也将大幅升值，极具投资潜力。甲公司便以乙公司迟延 10 天支付房款为由宣告解除购房合同，并请求该房产的占有人丙公司返还房屋。

（二）相关法理知识及案例评析

本案主要涉及的法律问题是：①该房屋的所有权归谁享有？②甲公司与乙公司之间订立的第一个买卖房屋的合同是否有效？③乙公司与丙公司之间订立的第二个买卖房屋的合同是否有效？④甲公司能否以乙公司迟延 10 天支付房款为由宣告解除购房合同？⑤甲公司请求该房产的占有人丙公司返还房屋的要求是否应予支持？

本案涉及所有权、占有、债权。在此我们首先分析房屋的所有权之归属，即房屋归谁所有的问题。

1. 合同效力与物权变动的区分原则

本案纠纷源于甲房地产公司与乙公司的房屋买卖合同，该合同对确定继受取得人权利来源的合法性和案件的裁判具有决定性意义。甲房地产公司与乙公司就买卖房屋达成协议，并于履行期届满后，买方在比约定的清偿期迟延 10 天后支付了价款，同时卖方将该买卖之标的物交付给买方，并着手办理产权过户手续。争议就在于：①第一个买卖合同是否有效成立；②不动产物权是否已经转移。该问题涉及不动产物权的变动，不同的物权变动模式将会产生不同的处理结果。

就大陆法系传统而言，物权变动模式大体分为三种：意思主义、形式主义和折中主义。

（1）意思主义。在意思主义模式下，仅依债权合同即可直接发生物权变动的效力，即物权变动与债的关系合二为一。就本案而言，如采用意思主义，则第一个买卖合同已有效成立，并且该房屋的所有权也在合同生效时发生转移，即乙公司取得了该房屋的所有权，但是由于尚未登记完毕，不得对抗第三人。目前法国、日本、意大利均采取意思主义的立法体例。

（2）形式主义。在形式主义模式下，已从债权行为中抽象出独立的物权行为，通过处分行为与负担行为的分离，区别物权与债权的不同关系，即负担行为的效力仅发生债的请求权，处分行为才发生物权变动的效力。如根据这一模式，则本案中的房屋买卖合同为债权合同，虽已有效成立，且当事人负有转移所有权的义务，但由于物权行为属要式行为，在登记尚未完成的情况下，物权行为未生效，物权没有发生转移，即乙公司虽然得向甲公司请求转移房屋所有权，但是在登记完成之前并不享有所有权。目前德国和我国台湾地区采用形式主义的立法体例。

（3）折中主义。折中主义，即债权形式主义，为意思主义与形式主义的折中观点，也称意思主义与登记或交付之结合。在折中主义模式下，对物与债的关系采取区分原则，物权变动并非当事人合意的直接结果，该合意仅发生债的效力；除当事人债权合意外，还需要登记或交付的特定形式，但不要求独立的物权合意的存在。目前奥地利采用折中主义的立法体例。

我国《物权法》第9条规定："不动产物权的设立、变更、转让和消灭，经依法登记，发生效力；除法律另有规定的以外，未经登记，不发生效力。"第23条规定："除法律另有规定的以外，动产物权的设立和转让，自交付时发生效力。"这一规定表明我国采用的是折中主义模式。就本案而言，虽然第一个房屋买卖合同成立且生效，但是根据物权法的规定，乙公司并未取得房屋的所有权。

2. 无权处分与未来物买卖

本案中，占有房屋的乙公司嗣后将该楼盘转让给第三人丙公司，双方订立了买卖合同并移转房屋占有。由于转卖人乙公司基于合同债权合法占有房屋，但并未取得所有权，因此处分权欠缺。乙公司在欠缺处分权的条件下订立了以该房屋为标的物的买卖合同，该合同效力如何？这就涉及无权处分与未来物买卖。

我国《合同法》第51条规定："无处分权的人处分他人财产，经权利人追认或者无处分权的人订立合同后取得处分权的，该合同有效。"其后在《最高人民法院关于审理买卖合同纠纷案件适用法律问题的解释》第3条规定："当事人一方以出卖人在缔约时对标的物没有所有权或者处分权为由主张合同无效的，人民法院不予支持。出卖人因未取得所有权或者处分权致使标的物所有权不能转移，买受人要求出卖人承担违约责任或者要求解除合同并主张损害赔偿的，人民法院应予支持。"自此，对于买卖合同中因无权处分订立的合同，均为有效。

3. 根本违约与合同解除

本案中乙公司迟延 10 天支付房款，甲公司是否因此取得解除合同的权利？这要看乙公司的迟延支付是否构成了根本违约。

《合同法》第 94 条第 3 款和第 4 款规定了债务人迟延履行时债权人得以解除合同的两种情况：第一，当事人一方迟延履行主要债务，经催告后在合理期限内仍未履行；第二，当事人一方迟延履行债务或者有其他违约行为致使不能实现合同目的。在第一种情况下，债务人迟延履行并不必然导致债权人享有合同解除权，债权人必须在催告并提供合理期限后方有权解除合同；在第二种情况下，必须违约后果严重，致使合同目的无法实现，债权人才能解除合同。因此，在迟延履行发生后，只有在催告未果或根本违约的情况下，才发生法定解除权。在本案中，乙公司迟延支付，构成了违约，但是履行期限并不直接关涉当事人的缔约目的，债权人即甲公司并没有因乙公司的迟延支付而遭受严重损失，而且甲公司也未提出催告。因此，应认为乙公司迟延支付并未构成根本违约，甲公司不享有合同解除权，而只享有追究乙公司违约责任的权利，即甲公司可以基于违约责任，就迟延支付造成的利息等损失享有损害赔偿请求权。

4. 占有抗辩

本案中，房屋所有权仍归属于甲公司，乙公司基于第一个有效合同而合法占有房屋，而后丙公司基于第二个合同而从乙公司处取得对该房屋的合法占有。这就产生了所有权与占有的冲突。

我国《物权法》第五篇对占有专门作了规定。该法第243条规定："不动产或者动产被占有人占有的，权利人可以请求返还原物及其孳息，但应当支付善意占有人因维护该不动产或者动产支出的必要费用。"根据这一规定，即使占有人为"善意占有人"，权利人仍然可以对其行使返还原物及其孳息的请求权。就本案而言，甲公司仍然是争讼房屋的所有权人，因此有权请求该房产的占有人丙公司返还房屋。但是乙公司也享有请求甲公司履行房屋买卖合同，办理产权过户登记的权利，丙公司则可以请求乙公司履行合同义务，在乙公司取得所有权后要求乙公司办理产权过户手续。

值得注意的是，《德国民法典》规定了占有抗辩权，即合法占有人有权拒绝他人行使所有权。《德国民法典》第986条规定："占有人或将占有权让与占有人的间接占有人，对所有人有权进行占有的，占有人可以拒绝返还物。"我们认为这一规定注意到保护合法占有人的利益，值得我们学习。例如在本案中，如果房屋价格不断上涨，甲公司宁愿违约也不继续办理产权过户手续，甚至中途将房屋另行转卖，乙公司无法取得房屋所有权，丙公司就无法实现合同目的，而只能追究乙公司违约责任。这样的话，不仅损害了合法占有人丙公司的期待利益，也不利于鼓励交易。所幸我国《物权法》第20条规定了不动产的预告登记制度，这至少部分地解决了这个问题，在一定程度上能有效防范权利人罔顾诚实信用原则，将不动产一物二卖。

（三）处理结果

法院认定，该房屋因未办理完过户登记，故按照不动产登记的原则，现涉案房屋仍归甲公司所有，但甲公司应依约给乙公司办理过户登记手续。甲公司与乙公司签订的合同属于双方真实意思表示，内容不违反法律法规的强制性规定，对不动产未办理过户登记不影响合同效力，属于有效合同；乙公司在未取得不动产登记的情况下将登记在甲公司名下的不动产转让给丙公司构成了无权处分，但无权处分的买卖合同仍为有效合同，如丙公司最终不能取得该不动产的所有权，可以向乙公司主张赔偿责任或违约责任；乙公司迟延支付 10 天支付房款的行为没有造成甲公司的合同目的无法实现，故不符合法定解除的条件，甲公司要求解除的诉讼请求应被驳回；在合同未解除的情况下，甲公司已经履约将房屋交付给乙方，经由乙方交付给了丙方，故无权要求丙公司返还房屋，故其诉讼请求不应予以支持。

第三章
所有权

【知识串讲】

（一）概念和特征

所有权人对自己的不动产或者动产，依法享有占有、使用、收益和处分的权利。

特征：全面性、整体性、弹力性、永久性，为法令限制范围内支配标的物的物权。

（二）内容

①占有：指民事主体对于标的物实际上的占领、控制。②使用：指依据物的性质和用途，并不毁损其物或变更其性质而加以利用。③收益：指收取标的物的孳息。④处分：决定财产事实上和法律上命运的权能。

（三）所有权的种类

1. 国家所有权的范围

①土地所有权：城市的土地，法律规定属于国家所有的农村和城市郊区的土地。②自然资源专属于国家：矿藏、水流、海域；森林、山岭、草原、荒地、滩涂等自然资源，但法律规定属于集体所有的除外；法律规定属于国家所有的野生动植物资源。③文物——法律规定。④无线电频谱资源。⑤其他：如

国防资产、铁路、公路、电力设施等基础设施——法律规定。

2. 集体所有权

（1）范围：属于集体所有的土地和森林、山岭、荒地、滩涂；集体所有的建筑物、生产设施、农田水利设施；集体所有的教育、科学、文化、卫生、体育等设施；集体所有的其他不动产和动产。

（2）集体所有权的行使：

①农民集体对于集体所有的财产拥有决策权——《物权法》第59条。下列事项应当依照法定程序经本集体成员决定：土地承包方案以及将土地发包给本集体以外的单位或个人承包；个别土地承包经营权人之间承包地的调整；土地补偿费等费用的使用、分配方法；集体出资的企业的所有权变动等事项；法律规定的其他事项。②由集体组织代表本集体行使所有权——集体所有分三级所有，即村集体所有、村内两个以上的农民集体所有与乡集体所有。具体行使如下：属于村农民集体所有的，由村集体经济组织或村民委员会集体行使所有权；分别属于村内两个以上农民集体所有的，由村内各该集体经济组织或村民小组代表集体行使所有权；属于乡镇农民集体所有的，由集体经济组织代表集体行使所有权。③代表集体行使所有权的集体组织具有公开义务——村务公开。④集体成员的撤销诉权：集体经济组织、村民委员会或其负责人作出的决定侵害集体成员合法权益的，受侵害的集体成员可以请求法院予以撤销。

（3）私人所有权——私人的合法财产受法律保护，禁止任何单位和个人侵占、哄抢、破坏。

（四）动产所有权制度

1. 所有权取得方式

（1）原始取得——直接依据法律规定取得，不以原所有人的所有权和意志为依据：先占（无主物）；发现隐藏物、埋藏物；拾得遗失物、漂流物、失散的饲养动物；添附；善意取得。

（2）继受取得——基于原所有人的所有权和意志通过某种法律行为由原所有人移转而取得所有权：买卖、互易、赠与、遗赠、遗嘱继承等。

2. 善意取得

善意取得，即交易中的第三人善意无过失地信赖公示，即使公示权利状态与真实权利状态不符，第三人仍能取得物权。

3. 先占

先占，以所有的意思占有无主物。

先占的要件：①须为动产，不动产不适用先占制度。②须为无主财产，即没有所有人，而非所有人不明，故遗失物不是无主物，不适用先占制度。无主物包括从来没有所有人的物和所有人抛弃之后而没有所有人的物。③须占有该无主物。④须以所有的意思占有。

性质和法律效果：①性质——事实行为，不是法律行为，不以意思表示为要件。②效果——由先占人取得该无主物的所有权。

4. 拾得遗失物

遗失物的概念：是所有人遗忘于某处，不为任何人占有的物。故遗失物为动产，而非无主物，只不过是所有人丧失对物的占有；

拾得遗失物的法律后果——同样适用于失散的饲养动物、漂流物。①拾得人的返还义务——拾得遗失物的，应当返还权利人；②拾得人的通知或上交义务——拾得遗失物的，应当返还权利人，故拾得人应当及时通知权利人领取，或送交公安等有关部门；③拾得人的保管义务——在送交有关部门前，应妥善保管遗失物，因故意或重大过失致使遗失物毁损、灭失的，应当承担民事责任；④拾得人享有费用偿还请求权和依据悬赏广告而获得报酬的权利；⑤遗失物自发布招领公告之日起6个月内无人认领的，归国家所有。

5. 发现埋藏物

发现埋藏物，应交还其所有人或继承人；上交国家的，给予一定物质奖励。

【案例 到底谁是所有权人】

（一）案情摘要

张三即将出国进修，将其所在单位甲公司配备给自己使用的一台大型打印机以5000元的价格卖给邻居李四。但由于张三离出国还有一个星期，有一些资料要打印，需要使用打印机，于是在卖给李四时又与李四签订了一个借用协议，注明该打印机已卖给李四，但暂借给张三使用一个星期。在张三借用打印机期间，张三开始办理离职手续，此时甲公司告知张三，公司给他配备的打印机他只有使用权，所有权仍属公司，如果张三不归还该打印机，将要按原价12 000元偿付给公司。张三表示愿意退还打印机，并实际交付给公司办理了有关手续。嗣后，张三告知李四打印机公司只是配给他使用的，现已被公司收回，他愿意退还李四5000元。但李四并不同意，以张三、甲公司为被告诉至法院，要求归还打印机。

（二）相关法理知识及案例评析

本案涉及的法律问题：①动产交付的方式有哪些？②善意取得制度是否适用于动产交付的所有方式？③谁是大型打印机的所有权人？

1. 动产的交付方式

动产的交付方式有四种：现实交付、简易交付、指示交付和占有改定。现实交付是交付最常见的方式，即实际占有动产的转让人将动产移转给受让人占有。其他三种交付方式在我国《物权法》第二章第二节中都有相应的规定。其中《物权法》第 25 条规定："动产物权设立和转让前，权利人已经依法占有该动产的，物权自法律行为生效时发生效力。"此即简易交付。《物权法》第 26 条规定："动产物权设立和转让前，第三人依法占有该动产的，负有交付义务的人可以通过转让请求第三人返还原物的权利代替交付。"此即指示交付。《物权法》第 27 条规定："动产物权转让时，双方又约定由出让人继续占有该动产的，物权自该约定生效时发生效力。"此即占有改定。

在本案中，张三将大型打印机转让给李四，但同时又约定由张三继续占有该打印机，属于动产交付的第四种方式，即占有改定。

2. 善意取得制度的构成要件

通过善意取得制度，善意取得人取得物的所有权或在物上设定的其他权利，从而导致对原所有权人权益保护的相对削弱，因此各国均对善意取得制度的构成要件作了严格界定。我国善意取得制度的构成要件包括：

（1）转让人是无权处分人。善意取得制度涉及三方当事人，即原所有权人、转让人和受让人。其中转让人和受让人必须同时具有民事权利能力和民事行为能力，且转让人是无权处分人。而原所有权人只需要具有民事权利能力即可，其有无民事行为能力并不影响善意取得的成立。

所谓无权处分，是指无处分权人处分他人的财产权利。处分财产只能由享有处分权的人行使，无处分权人处分他人财产构成对他人财产的侵害。无处分权人处分包括如下情形：①转让人本来就没有处分财产的权利，例如转让人是财产的承租人、借用人、寄存人等。②转让人虽然拥有财产的所有权，但是处分权受到限制，例如转让人的财产被人民法院查封扣押后，其处分权即受到限制。③共有人中的一人或数人未经其他共同共有人同意擅自处分共有财产。

（2）受让人取得财产是出于善意并支付了合理的对价。所谓善意，就是不知情，即受让人在受让财产时，并不知道转让人对财产无处分权。也就是说，受让人取得财产时，主观上不知道或不可能知道转让人为无权处分，受让人与转让人之间的转移占有是自主的、公开的、和平进行的。

由于善意是受让人取得财产时的一种主观心理状态，难于为他人所知，因此，要从当事人转让时的客观情况综合判断。这些情况包括：受让人有无法定了解的义务；受让人与转让人是否熟悉，是否有利害关系；交易场所；受让人是有偿取得，还是无偿取得，价格是否合理；根据当时的情势，受让人是否无须怀疑转让人可能存在权利瑕疵等。

受让人支付合理的对价说明：①转让人转让财产时是有偿的；②受让人支付的价格是合理的，并未明显低于或高于市场价格。虽然一般认为"善意"既包含"不知情"的意思，也包含"支付了合理对价"的意思，但是我国《物权法》第106条将这两个意思进行了区分，即善意仅指"不知情"，"支付了合理对价"则体现在"以合理的价格转让"这一规定上。

（3）善意取得的财产必须是法律允许流通的财产。由于法律禁止流转的物不能在市场上交换，当然不得适用善意取得制度。《物权法》颁布之前，不动产一般不适用善意取得制度。但是，随着《物权法》的正式实施，善意取得制度的适用范围发生了重大变化，该制度不仅适用于动产领域，也适用于不动产领域。货币和无记名证券是一种特殊的动产，谁持有，谁就成为货和无记名证券上记载的权利的主体，因此，也可适用善意取得制度。如我国《票据法》第12条规定，因恶意或重大过失而取得票据的，不得享有票据权利。如系善意的从无权处分人处取得票据的，出让人虽无处分该票据的权利，受让人仍可取得票据的权利。

（4）受让人必须通过转让人的交付而实际占有已取得的财产。受让人为了实现移转占有财产并取得该项财产所有权的目的，必须与转让人达成移转占有物的合意，并基于这一合意交付了占有物。尽管移转占有物的合意是引导移转占有行为的主观动机和前提，但构成善意取得的直接原因则是移转占有物的行为。受让人移转占有动产的方式必须通过交换实现。这种交换方式是通过买卖、互易、债务清偿、出资等具有交易性质的行为实现的。如前所述，交换必须是有偿的，无偿的交换不构成善意取得。没通过交换而移转占有的财产，即使受让人已经实际占有该财产，也不发生善意取得的效力。例如继承和遗赠，没通过交换则不构成善意取得。

我国《物权法》第106条规定："无处分权人将不动产或者动产转让给受让人的，所有权人有权追回；除法律另有规定外，符合下列情形的，受让人取得该不动产或者动产的所有权：（一）受让人受让该不动产或者动产时是善意的；（二）以合理的价格转让；（三）转让的不动产或者动产依照法律规定应当登记的已经登记，不需要登记的已经交付给受让人。受让人依照前款规定取得不动产或者动产的所有权的，原所有权人有权向无处分权人请求赔偿损失。当事人善意取得其他物权的，参照前两款规定。"

（三）处理结果

法院根据《物权法》第 27 条规定："动产物权转让时，双方又约定由出让人继续占有该动产的，物权自该约定生效时发生效力。"认定双方约定生效时，物权归属李四，故李四享有该打印机的所有权，故应当支持李四的诉讼请求。

第四章
业主的建筑物区分所有权

【知识串讲】

（一）概念

建筑物区分所有权是指业主对建筑物内的住宅、经营性用房等专有部分享有所有权，对专有部分以外的共有部分享有共有和共同管理的权利。

（二）特征

（1）建筑物区分所有权的客体具有整体性。建筑物区分所有权是业主在整体的建筑物上区域的所有权形式。

（2）建筑物区分所有权的内容具有多样性。建筑物区分所有权是由专有权、共有权和管理权（成员权）三个部分组成。

（3）建筑物区分所有权本身具有统一性。建筑物区分所有权不是权力的组合，而是一个独立、统一、整体的权利。

（4）建筑物区分所有权中的专有权具有主导性。建筑物区分所有权的权利人拥有了专有权就必然拥有共有权、管理权。

（三）主要内容

根据《物权法》规定，业主的建筑物区分所有权，包括了三个方面的基本内容：一是对专有部分的所有权。即业主对建筑物内属于自己所有的住宅、经营性用房等专有部分可以直接占有、使用，实现居住或者经营的目的；也可以依法出租、出借，获取收益和增进与他人感情；还可以用来抵押贷款或出售给他人。二是对建筑区划内的共有部分享有共有权。即每个业主在法律对所有权未作特殊规定的情形下，对专有部分以外的走廊、楼梯、过道、电梯、外墙面、水箱、水电气管线等共有部分，对小区内道路、绿地、公用设施、物业管理用房以及其他公共场所等共有部分享有占有、使用、收益、处分的权利；对建筑区划内，规划用于停放汽车的车位、车库有优先购买的权利。三是对共有部分享有共同管理的权利，即有权对共用部位与公共设备设施的使用、收益、维护等事项通过参加和组织业主大会进行管理。业主的建筑物区分所有权三个方面的内容是一个不可分离的整体。在这三个方面的权利中，专有部分的所有权占主导地位，是业主对共有部分享有共有权以及对共有部分享有共同管理权的基础。如果业主转让建筑物内的住宅、经营性用房，其对共有部分享有共有和共同管理的权利则也一并转让。业主享有建筑物区分所有权的同时，也必须履行相应的义务。如行使专有部分所有权时，不得危及建筑物的安全，不得损害其他业主的合法权益，像装修房子时不能破坏建筑物的整体结构；在住宅里面不得存放易燃易爆等危险物品；对公共部分行使共有权时，要遵守法律的规定和业主委员会的约定；认缴建筑物共有部分的维护资金等。

建筑物区分所有权

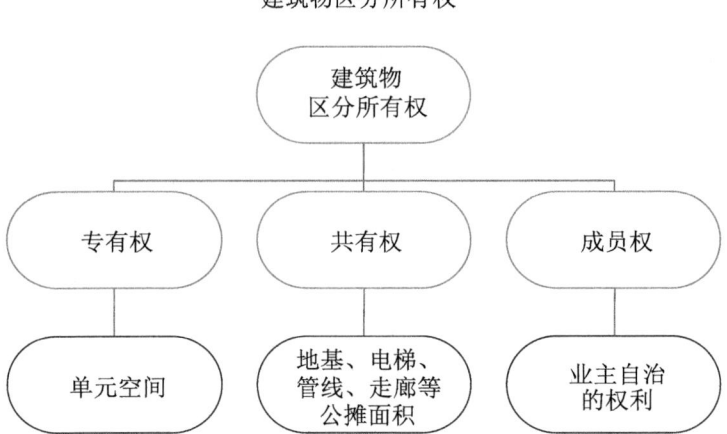

【案例 我的邻居、我的墙】

（一）案情摘要

李女士最近有点烦，楼上新搬来的邻居正在装修，整天敲敲打打不说，李女士还发现自家房屋顶部楼板居然出现开裂痕迹。更让李女士担心的是，李女士感觉自家阳台顶部楼板似乎有点下沉，原来是楼上邻居在阳台上砌筑了墙体。这些现象都让李女士心里觉得不踏实。

找到小区物业公司后，李女士先带物业公司工作人员查看了自家的房屋顶部楼板和阳台顶部，提出自己的看法。随后物业公司和李女士一同到楼上邻居家查看，发现楼上邻居除了在阳台上砌墙外，还拆除了房间和阳台之间的墙体，削薄了房间中的承重墙。同去的物业公司工程部的工作人员随即脸色大变，要求正在装修的装修公司立即停工，必须重新确定装修方案，并要求新的装修方案必须要报经物业公司同意后才能施工，同时对于房间内削薄的承重墙必须还原加固，拆除阳台上砌的墙，还原房间和阳台之间的墙体。否则，造成的房屋安全隐患等一切后果将由该房屋业主和装修公司自行承担。

装修公司不服，与该房屋业主一起和物业公司为此争论不休，认为装修行为与物业公司无关，物业公司无权干预业主装修。物业公司则认为，对于业主在装修中出现的行为可能或已经损害房屋安全，物业公司有权劝阻，而业主应当依法实施装修，不能实施可能损害房屋安全或影响其他业主正常使用房屋的行为。

（二）相关法理知识及案例评析

本案涉及业主正当行使建筑物区分所有权问题。

首先，业主享有建筑物区分所有权，这是《物权法》赋予业主的权利。

《物权法》第70条规定："业主对建筑物内的住宅、经营性用房等专有部分享有所有权，对专有部分以外的共有部分享有共有和共同管理的权利。"这种对于建筑物区分所有权的界定超过了原有的房屋所有权的范围，对于业主——物业的所有权人而言，其权利范围显然更广，不仅包括了原有的房屋所有权的概念在内，还包括了对同一建筑物内共有部分所享有的共有及共同管理的权利。

其次，业主行使区分所有权应当依法，这是法律对于业主正当行使其权利的指引。

本案中，李女士楼上的业主对房屋进行装修是行使区分所有权的方式之一，但由于其在装修过程中：①在阳台上砌筑墙体加大楼板静荷载，使楼板处于超负荷使用状态。②削薄房屋承重墙则破坏和削弱了承重墙体的承载能力，破坏了房屋的整体性和抗震性。③拆除房间和阳台之间的墙体改变了房屋结构原有工作状态和受力性能。这三种不恰当的装修行为都危及房屋的安全使用，也影响其他物业正常使用。根据《武汉市物业管理条例》第 68 条规定："物业专有部分出现危害安全、影响观瞻、妨碍公共利益以及影响其他物业正常使用时，业主或者物业使用人应当及时维修养护"，李女士楼上的业主应当对其不当行使区分所有权的后果承担修复的责任。

而物业公司要求装修公司停工、将拆除部分还原、砌起墙体拆除等是物业公司履行其职责的表现，不仅不损害李女士楼上业主的区分所有权，反而维护了该建筑物内所有业主的区分所有权。

（三）处理结果

物业公司的行为并无不当，装修公司及该业主负有恢复原状的义务。

第五章
相邻关系

【知识串讲】

（一）概念：

指两个或两个以上相互毗邻的不动产的所有人或使用人，在行使其不动产权利的过程中相互给予对方的一种便利或对自己权利的限制，因而发生的权利义务关系。

（二）处理原则和法律适用：

《物权法》第84至第85条规定，不动产的相邻权利人应当按照有利生产、方便生活、团结互助、公平合理的原则，正确处理相邻关系。法律、法规对处理相邻关系有规定的，依照其规定；法律、法规没有规定的，可以按照当地习惯。

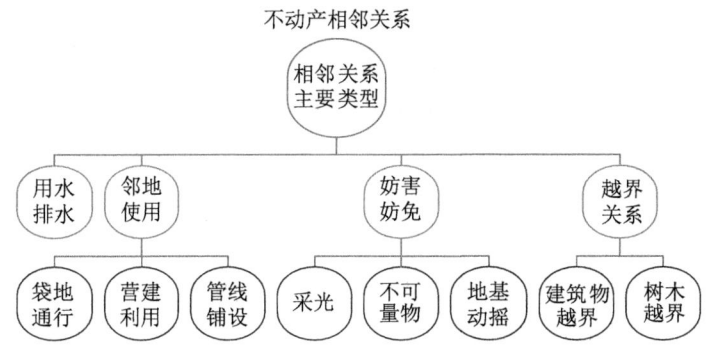

【案例 糟心的邻居】

（一）案情摘要

甲与乙均住于某小区一栋四层楼内，对所居住之房屋均有私有产权。该楼每层居住两户。甲住四楼，对四楼之两套房屋均具有产权，乙住同一门洞之三楼。甲乙之间因下列事项发生争议。

（1）甲于2014年冬将三、四楼之间三楼以上第二个楼梯的台阶处用木板封死，在上面留仅供自家出入的小门。乙认为甲封闭楼道影响了自己的采光权，阻断了消防通道，影响了自己的生活。在反复协商未能达成一致的情况下，2015年，乙向人民法院起诉，要求甲拆除封堵的木门。

（2）甲乙所在的楼没有凸出室外的大阳台，为保暖，2013年乙在自家房屋北侧阴面阳台安装了封闭铁皮保暖阳台，该阳台顶部宽出原建筑物墙体约40厘米。甲认为乙家的封闭阳台凸出墙体，导致他人可越过三、四楼之间的楼梯窗户，通过乙封闭的阳台攀上四楼，对自己所住房屋的安全造成影响。2016年甲将乙告上法庭，要求其拆除封闭阳台。

（3）乙发现甲家也有同样的封闭阳台，也凸出了墙外，认为甲的封闭阳台，严重地损害了整栋楼的使用寿命，严重危害他人居住环境，亦将甲告上法庭，要求其拆除封闭阳台。

（二）相关法理知识及案例评析

这是一个典型的相邻关系的纠纷案件。

首先，甲方将楼梯堵死的行为，侵犯了乙方的采光权，应予以拆除，并对乙方的因另行采光而造成的损失给予赔偿；其次，关于乙方封阳台的做法和甲方封阳台的做法，封阳台是可以的，但是不能侵害相邻人的采光权以及造成安全隐患等，甲方起诉乙方是合法有据的，乙方以此也起诉甲方是没有理由的。最后，关于相邻关系，也就是说邻里之间，应当团结互助，和平共处，按照有利生产、生活、公平合理的原则正确处理相邻关系。

（三）处理结果

根据《物权法》第84条规定："不动产的相邻权利人应当按照有利生产、方便生活、团结互助、公平合理的原则，正确处理相邻关系。"第89条规定："建造建筑物，不得违反国家有关工程建设标准，妨碍相邻建筑物的通风、采光和日照。"故在第一个案例中，乙的诉讼请求应当予以支持；在第二个案例中甲的诉讼请求应当支持；在第三个案例中驳回乙的诉讼请求。

第六章
共 有

【知识串讲】

（一）概念

共有——两个或两个以上主体对某一物共同享有所有权。

（二）特征

①权利主体多元性，即主体由两个或两个以上自然人或法人组成；②权利客体统一性，即客体在法律上应是统一的，不可分的；③权利内容平行性，即应按照全体共有人的意志共同行使权利、承担义务，或按各自份额享有权利、承担义务；④权利性质单一性，即各个共有人权利共同构成一个单一的所有权。

（三）按份共有

按份共有，指两个或两个以上民事主体对同一标的物按照一定的份额分享所有权。

特征：基于合同关系产生；按份共有人按照各自份额享有所有权；按份共有人权利、义务及于全部共有物；按份共有人按照份额行使所有权时，产生单个所有权的效力。

1. 按份共有份额的法律推定

（1）按份共有推定：共有人对共有的不动产或动产没有约定为按份共有或共同共有，或约定不明确的，除共有人具有家庭关系等外，视为按份共有。

（2）对按份共有份额的推定：按份共有人对共有的不动产或动产享有份额，没有约定或约定不明确的，按照出资额确定，不能确定出资额的，视为等额享有。

2. 按份共有的内部和外部关系

（1）内部关系：①对共有物的占有、使用、收益。各共有人依其份额对共有物进行占有、使用、收益的权利，且这些权利的行使及于共有物的全部；占有、使用、收益方法由共有人协商，按协商一致方法处理，意见不一致时，按拥有共有份额2/3共有人意见办理，但不得损害其他共有人利益。②对共有物的处分。对应有部分的处分——即共有人有权对自己所有的份额行使转让、设定担保、抛弃其份额等处分行为；但共有人转让其份额（不包括赠与等无偿转让），在同等情况下其他共有人有优先于非共有人购买的权利。注意：按份共有人优先权>承租人优先购买权。对共有物整体处分和重大修缮的，应当经过占份额2/3以上的按份共有人或全体共同共有人同意，但共有人之间另有约定的除外。③共有物的管理——保存行为，共有人皆可行使；改良行为，需2/3份额以上的共有人同意。④共有物管理费用负担。有约定从约定，没有约定或约定不明确的，按份共有人按照其份额负担。⑤共有财产的分割。按份共有情形下若共有人没有不得分割的约定，各按份共有人之间由于没有共同关系存在，因此可以随时请求分割共有物；如有约定不得分割时，共有人有重大理由需要分割的，可以请求分割。方式有：实物分割、变价分割、作价分割。

（2）外部关系——对于第三人的关系。①共有人对于第三人的权利。因共有财产对第三人享有债权，各共有人享有连带债权，但法律另有规定或第三人知道共有人不具有连带债权债务关系的除外。②共有人对第三人的义务。因共有财产对第三人享有债务，各共有人享有连带责任，但法律另有规定或第三人知道共有人不具有连带债权债务关系的除外。由于按份共有人在内部关系上按共有份额分享债权和分担债务，一人承担连带责任以后可对其他共有人按份额进行追偿。

（四）共同共有

共同共有，指两个或两个以上的人基于一定的共同关系对于同一标的物之全部，不分份额、平等享有所有权。

特征：不分份额、平等共有；基于共同关系而产生。

1. 主要类型

夫妻共有财产、家庭共有财产、遗产分割前共同继承财产、合伙财产、推定共同共有。

2. 内部关系

①使用收益：共有人之间享有平等的权利和义务；②共有财产的处分和重大修缮：须经全体共有人一致同意；③共有物、共有财产的管理：保存行为和改良行为皆需全体共有人同意；④共有物的管理费用负担：有约定从约定，没有约定或约定不明确，由共同共有人负担。

3. 外部关系

共有人享有连带债权、承担连带债务，但法律另有规定或第三人知道共有人不具有连带债权债务关系的除外。

4. 内部关系

除共有人另有约定外，共同共有人共同享有债权、承担债务。

5. 分割

共同关系消灭时共同共有转变为按份共有，因此可以主张分割共有物，其分割方法与按份共有的完全相同。

【案例　这是共有房屋】

（一）案情摘要

张年华收养了两个孩子，一儿一女，儿子张似水、女儿张如花。张年华和张似水二人同在一家单位上班，2002年，单位分配给二人一套住房，当时单位的规定是一个职工可以分一套一居室，因张氏父子为同一单位职工，就为他们分配了一套两居室。后来张似水成家，就与父亲张年华及母亲李美丽共同居住在这个房子里。一家人一起生活，家里的日常生活费用主要由张似水夫妻负担。

2012年，单位房改，将房产证办到了父亲张年华的名下。2013年张年华去世，2015年张似水因心脏病去世，二人去世前都没有遗嘱，去世后家人也没对二人的财产进行分配。2016年张年华的妻子李美丽，将房子出让给女儿张如花，并办理了过户手续。张似水的妻子杨春得知此情况后，诉至法院，要求法院确认该房屋转让行为无效。

被告认为自己是房屋的所有权人，对房屋享有完全的处分权，杨春与该房产没有任何关系无权提出确认房屋买卖合同无效的诉讼请求。而杨春的代理律师抗辩称，此房为张年华与张似水父子二人单位分配的福利房，具有身份的性质。虽然产权证明登记在张年华名下，但房屋本身属于家庭共有，张年华对该房享有共有份额，李美丽出售该房时未经共有权人同意，该行为无效。

（二）相关法理知识及案例评析

一般情况下，不动产以不动产登记簿登记的名义人为权利人。但现实生活中有许多错综复杂的实际情况，如果单纯地以房屋产权证登记的名义人为权利人，会使得在产权证外的实际所有权人的权利得不到保障，因此法院判定该房屋属于共有财产。

李美丽出售房屋的行为属于无权处分，根据《最高人民法院关于审理买卖合同纠纷案件适用法律问题的解释》第3条规定："当事人一方以出卖人在缔约时对标的物没有所有权或者处分权为由主张合同无效的，人民法院不予支持。出卖人因未取得所有权或者处分权致使标的物所有权不能转移，买受人要求出卖人承担违约责任或者要求解除合同并主张损害赔偿的，人民法院应予支持。"故转让行为有效，但因该房屋属于共有财产，故张如花不能办理所有权转移登记的损失，由李美丽承担。

（三）处理结果

经过庭审，法院认为，虽然房屋产权登记在张年华一人名下，但该套房屋属于张年华与张似水单位所分的福利房，具有职工福利性质，该房属于二人共同共有，李美丽出售房屋时未经张似水继承人杨春同意，该转让行为属于无权处分，其行为无效，但该行为的效力不影响涉案房屋是否能够办理物权登记。如张如花无法办理物权登记而发生损失，可以另外主张。

第七章
用益物权

【知识串讲】

(一) 概念

对他人所有的物，依法享有占有、使用、收益、处分的权利。

(二) 特征

为他物权；是限制物权——即在权利内容上与所有权相比受到法律和合同的限制；是有期物权；以使用、收益为主要内容；其客体主要为不动产。

(三) 用益物权的类型

1. 土地承包经营权

土地承包经营权是指，自然人、法人或非法人组织因从事农业生产经营项目而基于承包合同对集体所有或集体使用的国家所有的农业用地所享有的占有、使用、收益的权利。

特征：①客体是集体所有或国家所有交给集体使用的农业用地；②权利内容必须是农业生产为目的；③该权利虽作为集体土地使用权但其是可转让的权利；④权利主体有一定限制：农民集体所有的土地由本集体经济组织以外的单位或个人承包经营的，必须经村民会议 2/3 以上成员或 2/3 以上村民代表同意，并报乡（镇）人民政府批准。

2. 建设用地使用权

建设用地使用权是指，因建筑物或其他工作物而对国家所有的非农业用地进行占有、使用、收益的用益物权。

特征：①建设用地使用权是使用他人土地的权利；存在于国家所有土地之上的物权；②是以建筑物或其他工作物为目的的权利；③其权利人可以对土地进行占有、使用和收益，并且可以将该土地使用权进行转让、抵押等处分行为。

3. 宅基地使用权

宅基地使用权是指，农民集体成员对于农民集体所有土地以建设自用住宅为目的而享有的占有、使用的排他性权利。

特征：①主体特定，仅限于本集体经济组织内部成员享有使用权；②客体是集体所有的非农业用地；③须经合法手续取得，即农村居民取得宅基地使用权须有完备合法的手续；城镇居民建造房屋需要宅基地的，须向所在地土地管理部门申请，经批准后方能取得；④宅基地使用权没有期限，可以进行继承。

4. 地役权

地役权是指，为了利用自己土地的便利而对他人土地进行一定程度的利用或对他人行使土地权利进行限制的权利。其中需要利用的他人之土地称为需役地，为需役地提供便利之被利用土地称为供役地。

特征：①地役权是使用他人土地的权利；②为利用自己土地的便利而利用他人土地的权利；③主体不限于需役地所有人和供役地所有人，只要依法对土地享有占有、使用权的都可以成为地役权主体；④具有从属性。地役权从属于需役地，地役权作为从权利不得独立于需役地而单独转让或抵押；需役地所有权或使用权发生转移或抵押的，地役权随之转移、抵押；⑤具有不可分性。地役权不因需役地分割或部分转让而受有影响；也不因为供役地的分割或部分转让而受有影响。如甲在丙土地上享有通行权，如丙土地分割为丙丁两块，而甲一样具有在丙丁土地上的通行权。

【案例 宅基地之争】

（一）案情摘要

1991年2月，张三以一户三人（张三与妻子李四、大儿子）名义申请了宅基地建房。同年12月，小儿子出生。2012年大儿子结婚，张三因车祸去世。2013年，小儿子因结婚另行申请了宅基地建房；大儿子也将房屋拆除，在原宅基地上建了新房，李四随大儿子居住。2016年，大儿子居住房屋面临拆迁，获得了拆迁补偿款10万余元和宅基地使用权补偿款36万余元。小儿子得知后，认为宅基地补偿款属于申请宅基时的张三、李四和大儿子共同所有，三人应各享有12万余元。父亲张三已经去世，其享有的12万余元应作为遗产由母亲、哥哥和自己共同继承。大儿子反对，双方对簿公堂。

（二）相关法理知识及案例评析

我国《继承法》第3条规定："遗产是自然人死亡时遗留的个人合法财产。"我们所要讨论的是：宅基地使用权是否是"财产"，以及是否为"个人财产"？

（1）从宅基地使用权的外部关系来看，其是一项特殊的用益物权，是特殊的财产，不应作为遗产继承。在大陆法系中的物权体系上，宅基地使用权归属用益物权。一般而言，用益物权具有财产的性质，应允许流转、继承。但宅基地使用权是特殊的用益物权，是一项"特殊的财产"，其特殊性表现为：第一，宅基地使用权的取得具有无偿性。从我国现有的法律规定来看，农民取得宅基地使用权除交纳数量极少的税费外，无需交纳其他费用，原则上是无偿取得。第二，宅基地使用权具有人身依附性。根据土地管理法的规定，宅基地使用权与集体经济组织的成员资格密切相关，一经设定即具有极强的人身依附性，禁止流转。第三，宅基地使用权在功能上具有福利性。宅基地使用权为保障农民"居者有其房"而设立，具有社会保障职能。

宅基地使用权的特性决定了它是一项不适于继承的"特殊财产"，基于取得上的无偿性。如允许其继承，将使继承人无端受益，有违公平理念；人身依附性决定了它必须因具有集体经济组织成员资格而取得、因集体经济组织成员资格的消灭而消灭，不产生在不同主体之间的流转（继承）问题；而福利性质决定了如果允许继承，将导致宅基地无限扩大。因此，土地管理法规定村民一户只能拥有一处宅基地。

（2）从宅基地使用权的内部关系来看，属于家庭共同共有，不是被继承人的个人财产，不能作为遗产继承。共同共有以共同关系的存在为前提，因共同关系的产生而产生，因共同关系的消灭而消灭。在共同关系存续期间，各共有人之间不产生份额问题，对共有财产的全部享有平等的权利，承担平等的义务，不得请求分割共有物。根据学者通说，我国目前主要在以下场合成立共同共有：一是因夫妻关系的存在而产生的夫妻之间的共同共有；二是因家庭关系的存在而产生的家庭共有；三是因遗产未分割而产生的继承人之间的共同共有。

宅基地使用权是家庭共同共有财产，与家庭关系密切相连。按照共同共有的法理，家庭成员对宅基地使用权享有平等的权利、承担平等的义务，家庭成员之间不产生份额的问题。在家庭关系存续期间，家庭成员不得请求分割，只要家庭关系存在，宅基地使用权的共同共有关系就存在。家庭个别成员的死亡，并没有导致家庭关系的消亡，也就不会产生宅基地使用权的分割问题，无法形成死亡人对宅基地使用权的个人份额。也就是说，"被继承人"死亡前，宅基地使用权并非其个人财产；"被继承人"死亡后，家庭关系仍然存在，宅基地使用权没有分割，仍然是家庭共同共有财产，而非"被继承人"的个人财产。既然宅基地使用权并非个人财产，自然不能作为遗产继承。

当然，在特殊的情况下，如"地随房走"的原则，继承人对宅基地上所建造房屋的继承将导致对宅基地的继承。

（三）处理结果

法院审理后认为，该案从表面看争议标的是宅基地补偿款，实质是对宅基地使用权归属的争议。因宅基地使用权是宅基地补偿款的发生原因，明确了宅基地使用权的主体，即明确了宅基地补偿款的所有者。宅基地使用权作为一项特殊的用益物权，与农民个人的集体经济组织成员资格紧密相关，因出生而获得（但并不一定实际享有），因死亡而消灭。张三于2002年因车祸死亡，自然失去其集体经济组织成员的资格，不再是宅基地使用权的主体，宅基地补偿款当然也无权享有。小儿子要求分割宅基地补偿款的诉请于法无据，判决驳回。

第八章
担保物权

【知识串讲】

（一）概念

担保物权，是与用益物权相对应的他物权，指的是为确保债权的实现而设定的，以直接取得或者支配特定财产的交换价值为内容的权利。

担保物权人在债务人不履行到期债务或发生当事人约定的实现担保物权的情形时，依法享有就担保财产优先受偿的权利。

（二）特征

（1）以支配标的物的价值为内容。

（2）为确保债务的履行为目的。

（3）具有从属性——发生上的从属性；转移上的从属性；消灭上的从属性。

（4）不可分性——其所担保的债权的债权人就担保物的全部行使其权利：如主债权未受全部清偿的，抵押权人可以就抵押物的全部行使其抵押权；担保物部分灭失，残存部分仍担保债权全部；主债务被分割或部分转让，抵押人仍以其抵押物担保数个债务人履行债务。

（5）物上代位权——担保物权的标的物毁损灭失的，有其他替代物的担保物权并不消灭而是由该替代物承担，如保险金、损害赔偿金等。

（三）分类

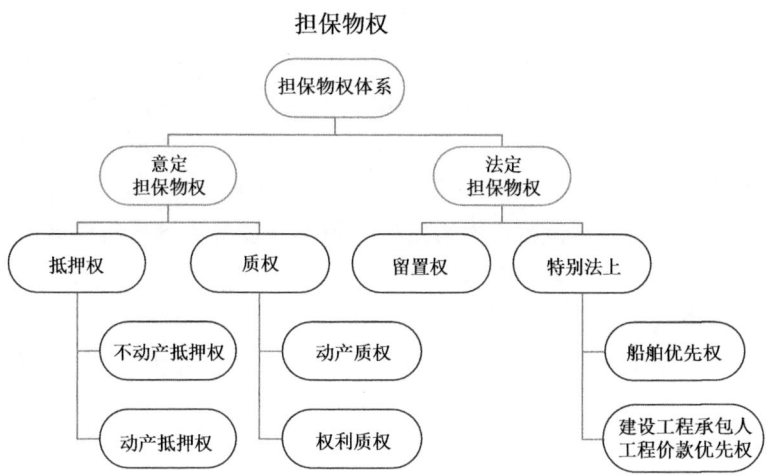

担保物权

【案例　招商银行与借款人、抵押人、保证人借款合同纠纷案】

（一）案情摘要

2013 年 2 月 6 日，招商银行股份有限公司呼和浩特市分行与借款人王一签订了借款协议，借款额度为人民币 450 万元整，还款期限为 2014 年 2 月 5 日。后又与担保人王二签订了最高额抵押贷款协议，由王二用呼和浩特新城区呼伦北路发达房地产开发商业楼 1 号楼 1 至 3 层房屋抵押给招商银行股份有限公司呼和浩特市分行，作为借款的抵押担保。王三自愿作为该借款的连带保证人，因此，招商银行股份有限公司呼和浩特分行与王三签订了保证合同。签订合同后，招商银行股份有限公司分行随即向王一发放了贷款 450 万元整，借款人王一在贷款到期后未按合同约定还款，且经申请人催告后仍拒不履行还款义务。后招商银行向公证机关申请了公证强制执行证书，申请强制执行。

（二）相关法理知识及案例评析

《中华人民共和国担保法》第 6 条规定："本法所称保证，是指保证人和债权人约定，当债务人不履行债务时，保证人按照约定履行债务或者承担责任的行为。"第 33 条规定："本法所称抵押，是指债务人或者第三人不转移对本法第三十四条所列财产的占有，将该财产作为债权的担保。债务人不履行债务时，债权人有权依照本法规定以该财产折价或者以拍卖、变卖该财产的价款优先受偿。"

本案中充分适用了保证责任和抵押责任，实现了债权人的债权。

（三）处理结果

法院经过审查后认为招商银行股份有限公司执行申请符合法律规定，同意强制执行，王一作为将借款人应当承担还款责任，王二作为抵押人，因招商银行对抵押财产有优先受偿权，所以可以就抵押物优先受偿。王三作为保证人，在保证期间内应当承担连带保证责任。因此借款人、抵押人和保证人均可作为本案的被执行人予以执行。

第三编

债 权

第一章
债的概述

【知识串讲】

（一）债的概念和特征

1. 概念

债是特定当事人之间请求为一定给付的民事法律关系。

2. 特征

①债反映财产流转关系；②债为特定主体之间的法律关系；③债的客体是债务人的特定行为；④债的目的须通过债务人的特定行为实现，即债权的实现依赖于债务人的积极履行行为；⑤债的发生具有任意性和多样性，以当事人意思自治为基本原则。

（二）债的要素

1. 债的主体

债的主体是指参与债的关系的当事人，包括：①债权人；②债务人。因多数债是双务的，因此债权人同时也是债务人；双方主体均可能是多人。

2. 债的客体

债的客体是指给付行为（给付须合法、确定、适格），给付的形态包括交付财物、支付金钱、提供劳务和移转权利。标的与客体、标的物。

3. 债的内容

（1）债权：指债权人得请求债务人为给付的权利，包括给付请求权、受领权、债权保护请求权、处分权；是财产权、请求权、相对权、平等权、任意权、相容权、有期限的权利。

（2）债务：是债务人依法或依约应为给付的义务。其内容具有特定性且不许永久存在，包括给付义务与附随义务。债务与责任不同。

（三）债发生的原因分类

①合同之债：属意定之债。②侵权行为之债。③不当得利之债。④无因管理之债。⑤缔约过失之债。⑥单独行为。

第一节　债权平等性

【案例　我的债可以先受偿吗？】

（一）案情摘要

个体工商户甲为购买一套两居室的住房，于 2012 年向银行贷款 10 万元，还款期限均为 2014 年 12 月 5 日。后甲因生意急需资金，又向自然人乙借款 10 万元。因生意受挫，甲除有上述两居室的住房自住以外，仅剩 10 万元的货物。到期甲无力偿还银行和乙的借款而引起纠纷。银行认为，该 10 万元货物应首先用于清偿其贷款，因为其贷款为先借贷款。乙认为，该 10 万元货物应用于其所借的欠款，因为其借款就是用于购买该批货物。

（二）相关法理知识及案例评析

该 10 万元货物应如何清偿上述两笔债务？为什么？

本案涉及债权平等性问题。债权是指债权人得请求债务人为给付的权利。

债权具有下列特征：

①债权为财产权，能用货币衡量和评价。②债权为请求权，据此，债权人得请求债务人为一定给付。就债权来说，除请求权外，尚有受领、选择、解除、终止等权能。③债权为相对权，债权人只能向债务人主张债权，请求债务人向自己履行债务。债务人以外的其他一切人，对债权人不负有履行义务，除非依法构成债权侵害或依法定或约定由债务人以外的第三人负赔偿责任或给付义务。④债权为有期限的权利，期限届满，债权即归于消灭。⑤债权具有相容性，即在同一标的上可同时并存数个债权。⑥债权具有平等性，即数个债权人对于同一个债务人先后发生数个普通债权时，其效力一律平等，不因其成立先后而有效力上的区别。

债权平等性原则是债权与物权的重要区别之一。物权因其具有绝对性和排他性，因此，同一物上不得设立两个或两个以上内容相冲突的限定物权，也不存在两个所有权。对于内容不相冲突的限定物权，则以相应的规则确定其先后顺序。而债权基于其请求权的特性，只具有相对效力，不具有排他效力，因此，数个债权不论其发生先后，均以其同等地位并存。债权的平等性的意义在于，当债务人的现有财产不能满足所有债权人的到期债权的清偿要求时，各债权人按债权的同一比例相应受偿。

本案中，甲与银行之间借款为债权，甲与乙之间的借款亦为债权，甲现有财产除维持自己的基本生活外，只有10万元的财产能够用于清偿债务，而其债务总数已超过了其财产价值，故其对乙和银行的债务根据债权平等性原则，银行的债务并不优先受偿。

实践生活中，类似该类案件，如果想要优先受偿，可以选择办理抵押登记、质押登记，或在诉前或诉讼过程中办理保全，抑或者较早地提起诉讼进入执行阶段。

（三）处理结果

银行和乙的债权均不具有优先受偿的权利，故各方诉讼请求均应驳回。

第二节　债权的物权化

【案例　我想让他搬出去】

（一）案情摘要

甲乙签订房屋租赁合同，由乙承租甲所有的房屋，租金若干，租期2年。乙承租半年后，甲通知乙欲出卖该房屋。乙表示报价太高，要求降价。甲不允。5天后，甲便与丙签订房屋买卖合同，并到房产管理部门办理了产权过户登记手续。丙要求乙立即搬出房屋，遭乙拒绝，发生纠纷。

（二）相关法理知识及案例评析

丙是否有权终止租赁合同？为什么？

本案涉及债权物权化问题。债权的物权化是指相对性的债权具有对抗一般人的效力，债权的物权化主要体现在不动产租赁权的物权化上。租赁权本为债权，仅具有相对性，但不动产租赁，特别是房屋租赁，其与一般的财产租赁相比，具有不同的特点：

（1）房屋租赁往往具有长期性。企业租赁房屋往往涉及生产和经营安排，对承租人而言，往往具有较长的预期，如果不考虑这一特点，对于承租人的生产经营的连续性具有较大的损害。个人租赁房屋往往涉及生活安排的方便性。相对固定的租赁关系是房屋租赁合同的基本特征。

（2）房屋租赁往往涉及承租人的居住权问题，而居住权既是最基本的人权，又具有绝对权的特征。任何他人，包括房屋出租人，均负有不得侵害承租人居住权的义务，因此，房屋承租权具有物权化的倾向。

为了解决房屋出租人和承租人之间的权利义务关系，我国现行法律依据房屋承租权的物权化原理作出了相应规定，如《合同法》第229条规定："租赁物在租赁期间发生所有权变动的，不影响租赁合同的效力。"此即买卖不破租赁原则，其目的在于维护承租人即房客的合法利益。

本案中，甲与乙之间存在有效的租赁合同，在甲要出卖承租房屋时，先行通知了乙，乙拒绝在同等条件下行使优先购买权。甲便与丙签订了房屋买卖合同。该房屋买卖合同合法有效，甲与丙之间办理了房屋过户手续。丙依法取得了该房屋的所有权。丙成为出租房屋的新的所有人。对于甲与乙之间的原租赁合同，丙应予以承受，直至该合同期限届满，因此在该合同的有效期限内，丙成为该租赁房屋新的出租人，应接受原租赁合同的约束，不得要求承租人乙搬家腾房。

（三）处理结果

根据买卖不破租赁的原则，丙无权要求乙搬离房屋。

第三节 债的内容

【案例 奖品到底是什么?】

（一）案情摘要

被告某银行发行了一组面额为500元的实物有奖储蓄奖券，并在公告中标明："特奖：北京212型吉普车一台"。该银行将事先买好的一台江西富奇产的JX212吉普车作为特等奖奖品，在发行奖券开始至开奖前进行了实物游展、电视录像、公告等宣传，但在宣传时并未说明该吉普车的产地及具体名称，只宣传该车是北京 212 型。奖券售完后，某银行在市人民电影院进行公开抽奖，市公证处进行了公证。原告徐某所持奖券中了特等奖。领奖时，徐某发现奖品为 JX212 吉普车与宣传不符，要求某银行给付一台北京 212 吉普车或折抵现金。被告则以公告中所说特等奖"北京 212 型吉普车一台"，但没有说是北京产的，真正北京 212 牌吉普车叫"北京 212"，不叫"北京 212型"，且该车经公证处公证和广播电视录像宣传、游展，实物与宣传的奖品相符，以此为由不同意原告的请求，原告遂诉至法院。

（二）相关法理知识及案例评析

本案涉及债的内容问题。债的内容是当事人之间依据合同约定所享有的债权和所承担的债务，或者依据法律规定所享有的债权和承担的债务。依据合同约定所产生的债权债务称为约定之债，依据法律规定产生的债权债务称为法定之债。对于约定之债，当事人应依照合同约定全面履行，如果当事人不能履行合同中约定的债务，则构成违约。对于合同约定的债权债务，当事人可以协议变更，如果未达成一致意见，该协议变更不具有效力。当然，因法律规定的原因，如欺诈、胁迫、乘人之危、重大误解、显失公平以及不可抗力、情势变更等原因，当事人依法享有对原约定的债权债务请求人民法院予以变更的权利。对于法定之债，当事人之间也可协商变更。

本案中，被告发布的公告，标明奖品的内容并有双方的权利义务，虽非向特定当事人提出，但依《合同法》第 14 条、第 15 条规定，商业广告的内容具体确定的，视为要约。本案中，原告依约进行了承诺，双方之间意思表示真实，标的合法，因此所订立有奖储蓄合同有效，在原告和被告之间形成了有效的合同之债。依《民法总则》第 88 条和《合同法》第 77 条规定，当事人应当依照合同约定全面履行自己的义务。除非法律另有规定或者合同另有约定外，须经双方当事人协商一致，不得变更合同内容。本案中，被告的合同内容应为北京 212，而非JX212，因为被告一直以北京 212 进行要约宣传，原告也以北京212 的内容进行承诺，即双方当事人合意的基础是北京 212 而非JX212。因此，虽然被告以 JX212 作为实物奖品进行宣传，但该实物奖品不是双方当事人合意的基础，被告以 JX212 履行合同是为对合同内容的擅自变更。而依《民法总则》和《合同法》规定，未经合同另一方当事人同意，不得单方变更合同内容，因此，被告不得以 JX212 代替北京 212 履行合同。

（三）处理结果

法院认定双方合同已经成立并生效，被告应当按照约定履行自己的义务，原告要求按照合同履行的诉讼请求应当支持。

第四节　连带之债

【案例　该还钱的人是谁】

（一）案情摘要

2015 年 3 月 15 日，张三、李四和王五三人订立合伙经营"红火"饭馆合同。合同约定：由张三提供门脸房三间，共计约60 平方米，作为饭馆的经营场所。张三还负责饭馆的经营工作；李四负责炊事工作；王五负责饭馆的食品、原料的采购。三人各投资 3 万元作为饭馆的流动资金，经营所得利润由吴、刘和田三人按 4∶3∶3 比例分配，每月分配一次。合同订立后，张三到工商局领取营业执照，同时将 2 万元资金用于整修房屋、购买炊具。同年 4 月 20 日，"红火饭馆"正式开始营业。开业不久，由于资金不足，经张三提议，李四、王五两人同意，张三出面以三人名义向张三的同事赵六借款 4 万元，书面约定半年以内归还本金及利息 4.2 万元。饭馆经营前 3 个月，三人齐心协力，生意兴隆，三人按协议各得红利 1 万多元。8 月下旬，由于张三怀疑李四有多吃、多占行为，李四与王五怀疑张三在经营中将合伙财产据为己有，而发生矛盾。经几次争吵后，王五生气一去不回，李四另行受聘于某一酒店工作，也不辞而别。剩下张三一人难以经营，饭馆不得不于 9 月停业。同年 12 月底，赵六凭借据，要求张三偿还到期借款及利息 4.2 万元。张三表示这钱是三人共同借的，应由三人共同偿还，他只能偿还其中 40%，其余的应由李四、王五两人偿还。赵六表示，他们两人在哪不清楚，要求张三代为寻找，张三拒绝。赵六无奈，于 2017 年 1 月 15 日向法院提起诉讼，要求张三归还所欠借款及利息。

（二）相关法理知识及案例评析

张三应否偿还所欠款项 4.2 万元？为什么？本案涉及连带之债问题。连带之债是指债的主体一方为多数人，多数人一方当事人之间有连带关系的债。所谓连带关系，是指对于当事人中一人发生效力的事项对于其他当事人同样会发生效力。连带之债包括连带债权和连带债务。债权主体一方为多数人且有连带关系的，为连带债权；债务主体一方为多数人且有连带关系的，为连带债务。《民法总则》第 187 条规定："二人以上依法承担连带责任的，权利人有权请求部分或者全部连带责任人承担责任。连带责任人的责任份额根据各自责任大小确定；难以确定责任大小的，平均承担责任。实际承担责任超过自己责任份额的连带责任人，有权向其他连带责任人追偿。连带责任，由法律规定或者当事人约定。"按照这一规定，连带之债既可因法律的直接规定发生，也可因当事人的约定而发生。因连带债务加重债务人的责任，所以除法律有明确规定或当事人有特别约定外，不得让当事人负连带债务。

连带债务产生的原因主要有：①当事人之间约定的连带债务；②因共同侵权产生的连带债务；③因合伙关系产生的连带债务；④因其他原因产生的连带债务。

对于因合伙关系产生的连带债务，是因为合伙人存在人身信任关系而发生的。依《民法总则》第104条规定："非法人组织的财产不足以清偿债务的，其出资人或者设立人承担无限责任。法律另有规定的，依照其规定。"也就是说，对于合伙的这种非法人组织债务，其对外面的债权人，承担的是无限责任。在对内关系中，合伙人可以按出资比例或者协议的约定承担，但合伙人内部的约定不得对抗第三人。本案中，三人按照合伙协议各自提供资金、实物、技术共同经营饭店是符合我国法律规定的，他们对合伙债务的承担没有特别约定，但对出资比例是有约定的。他们向债权人借款时没有约定债务如何清偿，因此，他们对赵六的债务应负连带责任。也就是说，赵六有权要求张三承担全部责任，张三不得以内部约定的出资比例为由拒绝承担。张三承担了全部债务后，有权按出资比例向李四、王五追偿。

（三）处理结果

法院认定个人合伙组织的合伙人对外承担无限责任，债权人有权选择向全体合伙人要求清偿债务，也可要求向任一合伙人提出清偿债务的要求。故原告请求张三清偿债务应当予以支持。

第五节　选择之债

【案例　我已经作出了选择】

（一）案情摘要

甲方因急需柴油，与乙厂签订了一份买卖合同。双方商定，乙方在1个月内筹集0号或10号柴油10吨供给甲方，每吨单价为1200元；合同生效后，甲方按合同约定支付了2000元定金。乙厂也在合同生效后第25天，依约定向某厂发运了0号柴油10吨。因当时气温下降，0号柴油无法投入使用。故甲厂要求乙厂改供10号柴油，或者退货。乙厂认为其所供0号柴油符号国家质量标准和合同规定，既不应换货，也无货可换；同时要求甲厂依约支付货款，故乙厂诉至人民法院。

（二）相关法理知识及案例评析

该案例涉及两个法律问题：①本合同所生之债是简单之债，还是选择之债，为什么？②甲方要求乙厂换货或退货的理由能否成立，为什么？

（1）本合同所生之债为选择之债。所谓简单之债是指债的标的是单一的，当事人只能以该种标的履行债务，当事人没有选择的余地。所谓选择之债是有选择权的当事人得从两个以上的标的中选择其一来履行的债。本案中，甲方与乙厂约定，乙厂可以筹集0号或10号柴油供给甲厂，因此，是属于选择之债。

（2）甲厂要求乙厂换货或退货的理由不能成立。因为，选择之债的履行，在双方当事人没有约定且法律没有规定的情况下，选择之债的选择权归属于债务人，债务人有权选择任何一种标的履行义务。本案中，乙厂享有选择权且已履行了义务，甲方接受了乙厂的履行，故甲方的理由不能成立。

（三）处理结果

法院认定双方合同约定的履行标的属于选择之债，原告已经选择履行了约定的债务，且被告接受，故被告应当依约支付合同约定的价款，原告的诉讼请求应予支持。

第二章
债的履行

【知识串讲】

（一）概念

债的履行是指债务人按照合同的约定或法律的规定，全面适当地完成自己所负义务的行为。

（二）履行原则

①适当履行：即正确、全面履行。②协作履行。③经济合理。

（三）债的履行的种类

1. 完全正确的履行

完全正确的履行，是指债务人按照合同的约定或者法律的规定全面地履行了自己的义务。《合同法》第60条规定："当事人应当按照约定全面履行自己的义务。当事人应当遵循诚实信用原则，根据合同性质、目的和交易履行通知、协助、保密等义务。"完全履行，即全面履行，是指债务人履行了其全部义务；所谓正确履行是指债务人的履行符合合同的约定或者法律的规定。

2. 不适当履行

债的不适当履行是指当事人虽有履行行为，但其履行不符合合同的约定或者法律规定。不适当履行的情况比较复杂，较为常见的为期限上的不适当履行即迟延履行，较为特殊的为加害履行，同时受领迟延也是不适当履行的一种情形。主要说明迟延履行、加害履行、受领迟延三种不适当履行合谋的形态。

（1）履行迟延。在债务履行期限届满后，债务人能履行债务而未履行债务。履行迟延发生以下法律后果：第一，债权人得要求债务人继续履行；第二，债权人得请求赔偿因履行迟延而受到的损失；第三，债务人的履行对债权人无利益的，债权人得解除合同而请求损害赔偿；第四，债务人承担标的物意外灭失的风险。例如在迟延期间标的物意外毁损灭失时，债务人应负履行不能的责任。但债务人能够证明即使履行不迟延也会发生该损失的，则可免除其责任。

（2）加害履行，又称为加害给付。是指债务人的履行不适当亦即债的履行有瑕疵。其表现可有多种，如交付的标的物的数量不足或品质不合要求，或者履行的时间、地点或方式不合要求等。

（3）受领迟延。是指债权人未及时受领债务人的适当给付。受领迟延，从债务履行的结果上说，债务仍未得到履行，只不过债务未能履行的原因系因债权人受领迟延而已。

3. 债的不履行

债的不履行，是指债务人根本就没有履行债务，包括履行不能与拒绝履行两种情形。

（1）履行不能。是指债务人不能履行其义务，依其情况可分为原始不能与嗣后不能、客观不能与主观不能、全部不能与一部分不能、永久不能与一时不能等。

（2）拒绝履行。是指债务人能够履行而拒不履行义务。拒绝履行是一种能履行债务而不履行的违法行为，其构成须具备以下条件：第一，须债务人负有债务而且能够履行债务。第二，须债务人表示不履行。至于债务人不履行的意思表示为明示还是默示，则有所不同；债务人不履行的意思表示多为故意，但也可出于过失。

债务人于债务履行期未届至前而表示拒绝履行的，债权人有权解除合同，并请求债务人承担不履行的赔偿责任。依《合同法》第108条规定："当事人一方明确表示或者以自己的行为表明不履行合同义务的，对方可以在履行期限届满之前要求其承担违约责任。"

第一节　合同应依约全面履行

【案例　我已经全部支付了货款】

（一）案情摘要

2016年3月28日，原告甲饲料有限公司与被告乙养殖有限公司签订一份买卖合同，合同约定：乙公司2016年度购买甲公司鱼饲料约25吨；付款方式为甲公司必须持有盖有本单位财务专用章的收据到乙公司处收取货款，乙公司只有见到盖有甲公司财务专用章的收据方能付款，否则仍应承担违约责任；双方如签订还款协议，还款协议必须盖有甲公司的公章或其法定代表人签字和乙公司的公章或其法定代表人的签字，协议方具有法律效力，其他任何签字，任何还款手续无效。合同签订后，乙公司陆续向甲公司购买鱼饲料，截至2016年10月15日，乙公司欠甲公司货款3.5万元未付。2016年10月16日，双方签订一份还款协议，约定：乙公司所欠甲公司货款3.5万元于2016年12月30日前还清，如未按期支付货款，乙公司从欠款之日按日0.4%支付违约金；付款方式为甲公司必须持有盖有本单位财务专用章的收据到乙公司处收取货款，乙公司只有见到盖有甲公司财务专用章的收据方能付款，否则仍应承担付款义务。协议签订后，乙公司没有付款。甲公司诉至法院，要求乙公司付款并承担违约责任。乙公司辩称，已将欠款分三次支付给了甲公司业务副经理王某，有其收款条为证，而该公司的副经理已不知下落，故不同意甲公司主张。

（二）相关法理知识及案例评析

本案中，甲公司是否有权主张乙公司承担违约责任？为什么？

本案涉及债的全面履行原则。全面履行又称适当履行，是指当事人按照债的标的、质量、数量，由适当的主体，在适当的履行期限、履行地点，以适当的履行方式，全面履行债务的原则。依《合同法》第 60 条第 1 款、第 107 条规定，当事人应当按照约定全面履行自己的义务。当事人一方不履行合同义务或者履行合同义务不符合约定的，应当承担继续履行、采取补救措施或者赔偿损失等违约责任。

本案中，原被告双方在合同中特别约定了付款方式，即"甲公司必须持有盖有本单位财务专用章的收据到乙公司处收取货款，乙公司只有见到盖有甲公司财务专用章的收据方能付款"，该约定系双方当事人的真实意思表示，且不违反法律强制性规定，当事人应当依约履行。但在合同履行过程中，乙公司没有按照合同约定的方式履行义务，在没有见到甲公司盖有财务专用章的收据的情况下，将货款付给业务人员王某，虽然王某出具了由其个人签字的收款手续，但该收款手续并非双方合同及还款协议中约定的盖有甲公司财务专用章的收据，是乙公司以自己的方式履行付款义务，该方式未得到甲公司的认可。因此，乙公司履行义务的方式不符合双方当事人之间合同的约定，应依法承担违约责任。

本案的疑点在于，公司副经理王某的收款行为是否构成代理行为？如果公司副经理的收款行为构成代理行为，根据代理规则，被告乙公司则履行了自己的应尽义务，所受损失应由甲公司承担；如果公司副经理的收款行为不构成代理行为，则被告乙公司不能表明履行了自己的义务，所受损失应当由乙公司承担。根据案情和社会经验判断，王某虽为甲公司的业务副经理，并不当然表明其对收取款项享有代理权，同时，双方在付款方式上明确约定"持有盖有本单位财务专用章的收据到乙公司处收取货款，乙公司只有见到盖有甲公司财务专用章的收据方能付款"，表明当事人之间排除了其他付款方式，当然也排除通过代理的付款方式。因此，王某的收款行为不构成代理，不适用代理规则，乙公司所受损失应自己承担。

（三）处理结果

法院认定双方在合同中已经明确约定了付款的方式及相应的违约责任，被告认为其已经支付货款的抗辩，因被告未按照合同约定的方式及对象支付款项，属于不适当履行，故仍应承担继续支付剩余货款的义务并承担违约责任。

第二节　债的履行地点、履行费用和履行主体

【案例　运费谁来付】

（一）案情摘要

甲与乙签订了一份大米买卖合同，甲为卖方，乙为买方。同时约定，甲将大米发货给丙，因为乙与丙签订了一份大米购销合同，乙为卖方，丙为买方。甲的所在地在 A 市，乙的所在地在 B 市，丙的所在地在 C 市。甲将大米发给丙后，要求丙支

付运费若干，理由是履行费用没有约定，丙不同意，为此引起纠纷。经查，甲发给丙的大米存在质量问题。

（二）相关法理知识及案例评析

对本案应重点分析以下问题：①本案中，合同履行地点应在哪里？为什么？②本案中，运费应由谁承担？为什么？③丙应向谁请求承担违约责任？为什么？

本案涉及债的履行地点问题。履行地点，是指债务人应为履行行为的地点。在履行地点为履行，只要适当，即发生债的消灭的效力。履行地点，当事人有约定的，依照当事人的约定。当事人可以约定一个履行地点，也可以约定多个履行地点。履行地点在法律上有特别规定时，依其规定。例如，《票据法》第23条第3款规定："汇票上未记载付款地的，付款人的营业场所、住所或者经常居住地为付款地。"履行地点也可由习惯确定。如果有关于履行地点的交易习惯时，应遵从习惯，除非当事人之间另有约定。例如，车站、码头物品寄存，应在该寄存场所履行债务。履行地点还可由债的性质确定。例如，不作为债务的履行地点应在债权人的所在地。在按上述规则仍不能确定履行地点时，应按照《合同法》第62条第3项的规定："履行地点不明确，给付货币的，在接受货币一方所在地履行；交付不动产的，在不动产所在地履行；其他标的，在履行义务一方所在地履行。"本案中，甲乙约定，甲将大米发货给丙，虽然该约定未具体指明合同的履行地点，但该约定已经表明，甲发货给丙。从该条款可以解释为甲负有运送货物的义务。货物运到何地，才表明甲履行自己的义务？因丙所在地为 C 市，故应认定为履行地点为 C 市。本案虽然未约定具体的合同履行地点，但不属于履行地点不明，在债务人所在地履行的情况，即债务人所在地为履行地。对于债务人所在地为履行地的适用，是指当事人之间未约定履行地点，又不能达成补充协议；还不能通过合同解释以及习惯确定履行地点的情况，如果能通过合同解释或者习惯确定履行地点的，则以合同解释或习惯确定履行地点。本案中，能够通过合同条款的解释确定履行地点，故不适用债务人所在地为履行地点。

本案涉及履行费用问题。对于履行费用，当事人有约定的，应依照当事人的约定。当事人既可以约定履行费用由谁承担，也可以约定履行费用以何种方式承担。当事人对履行费用没有约定，或者约定不明的，依《合同法》第61条、第62条规定，当事人可以达成补充协议，未能达成补充协议的，能够按照合同有关条款或者交易习惯确定，则依有关合同条款的解释或者依照交易习惯确定由谁承担。只有不能按照有关条款或者交易习惯确定的，履行费用由履行义务一方当事人负担。本案中，合同当事人为甲乙双方，在合同中，未约定运输费用由谁承担，发生争议以后，也未能协商确定费用的承担，但该合同中约定，甲负责发货，存有两种解释：一种解释为，甲以自己的费用负责发货；另一种解释为，甲负有发货义务，但费用应由谁承担，并未确定。如依第一种解释，则应由甲负担该运输费用；如依第二种解释，则适用《合同法》第62条规定，依照相应合同条款也不能确定运输费用由谁承担的，应由债务人甲承担。甲为货物交付的债务人，故甲应承担该货物运送的相关费用。故本案中，甲要求乙承担相关费用不具有法律依据。当然，甲可否依据合同显失公平要求乙承担相关费用，则应在全面衡量货物价格的构成以及运费多少，以及运费在价格构成中的比例的基础上予以确定。如果运费总量超过或等于货物价值的，则可以显失公平为由请求乙方变更合同条款，或请求乙方承担运费。如果运费总量超过或者等于出卖人的获利，一般也可认定为显失公平。如果运费总量少于出卖人的获利，一般不应认定为显失公平。

本案涉及债的履行主体问题。履行的主体，首先为债务人，包括单独债务人、连带债务人、保证债务人等。债务人履行时是否须有行为能力，依履行行为的性质而定。履行行为系事实行为时，不要求债务人有行为能力；履行行为系民事法律行为时，需要债务人有行为能力。此外，如果债务人通过移转财产权利来履行时，还需要对财产有处分权。除法律规定、当事人约定或性质上必须由债务人本人履行的债务以外，履行可由债务人的代理人进行。依照法律的规定，债务可约定由第三人代为履行。该第三人只是履行主体，而不是债务主体。因而，债务人应对第三人的履行后果负责。依据《合同法》第65条规定："当事人约定由第三人向债权人履行债务的，第三人不履行债务，或者履行债务不符合约定的，债务人应当向债权人承担违约责任。"本条规定是关于合同相对性原则的具体体现。本案中，甲与乙之间存在合同债权，乙与丙之间存在合同债权，甲与丙之间不存在合同关系，对乙丙之间的合同债权，就交付大米而言，丙为债权人，乙为债务人，甲的履行为第三人的履行，因甲的履行不符合约定，丙不能向甲追究违约责任，而只能向乙追究违约责任。

（三）处理结果

本案的合同主体为甲、乙，丙仅为合同履行的第三人，故因本合同发生的纠纷，其主张的主体均为甲、乙；对于运输义务的承担及运费的承担，因双方在合同中明确约定甲负责发货，故送货的义务由甲承担，甲为货物交付的债务人，故甲应承担该货物运送的相关费用。如甲提供的货物有质量问题，乙可以向甲进行主张，丙无权主张。

第三节　代物清偿与债务承担

【案例　以物抵债的效力】

（一）案情摘要

甲乙夫妇因经商需要先后向丙、丁借款各 10 万元，向戊、己、庚、辛借款各 5 万元。后甲、乙与市旧城改造办公室签订预购市某临街房合同，合同约定：房屋建成后，由甲乙验收，并负责办理房产证。甲乙交付买房款后，从卖房单位接管使用所购临街店面房，并且向房管部门申办产权登记和领取房产证书。债务到清偿期后，因欠丙丁等人借款到期未能偿还，甲乙与丙丁达成以店面房抵债协议，该协议约定：该店面房以 40 万元抵偿给丙丁，产权由其所有；甲乙欠戊、己、庚、辛的借款 20 万元由丙丁承担。协议签订后，戊、己、庚、辛均同意甲乙的债务转由丙丁承担。丙丁转托他人到卖房单位办理店面房户主更名手续，因甲乙与他人发生其他债务纠纷，该店面房被当地人民法院查封，致使丙丁未办成店面房产权登记、过户手续，丙丁也未偿还甲乙所欠戊、己、庚、辛的借款，引起纠纷。

（二）相关法理知识及案例评析

对本案应重点分析以下问题：①本案中，甲乙以诉争店面房抵偿所欠丙丁的欠款是否发生代物清偿的效力？为什么？②本案中，甲乙与丙丁约定所欠戊、己、庚、辛的借款由丙丁偿还，是否发生债务承担的效力？为什么？

本案涉及债的履行标的问题。履行标的，是指债务人应为履行的内容。它因债的关系不同而呈现出差异，如交付财物、移转权利、提供劳务、完成工作等。履行标的应具体确定。履行债务必须依当事人的约定进行。在仅为部分履行，或不以原定给付履行，或因履行而负新债务，不发生清偿使债消灭的效力。如债务人应交付两辆汽车而交付一辆，或交付拖拉机，或交付有瑕疵的汽车，均不使原债消灭。对于债务人的分期履行或延缓履行，按诚实信用原则衡量，综合周围环境，对债权人并无不利或不便时，债权人不得拒绝受领。法院也应考虑当事人的经济状况，衡量债权人的利害影响，酌定相当期限，允许债务人分期履行或延缓履行。在某些情况下，当事人也可以他种给付履行，即代物清偿。所谓代物清偿，是指债权人受领他种给付以代原定给付而使债消灭的现象。如原约定交付大米，而以交付玉米替代使债消灭。

代物清偿的要件如下：①必须有原债务存在，且债务已届清偿期；②必须以他种给付代替原定给付，两种给付在价值上可以有差额，但须双方当事人约定；③必须有双方当事人关于代物清偿的合意；④必须债权人等有受领权的人现实地受领给付。代物清偿具有消灭债的关系的效力。

本案中，甲乙夫妇以享有合法产权的房屋抵偿所欠丙丁债务，双方当事人意思表示真实，且债务已经到清偿期，但丙丁作为债权人未现实地受领代偿物。因为该代偿物因发生诉讼被法院查封，代物清偿协议虽然有效，但并未完成，债务人甲乙与债权人丙丁之间的原债权债务关系并未消灭。

依《合同法》第79条、第84条规定，除根据合同性质、当事人约定以及法律规定不得转让的债务外，当事人可以约定合同的全部义务或者部分义务由第三人承担，但要经过债权人同意。本案中，甲乙所欠戊、己、庚、辛的钱款是可以依法转让的义务，甲乙将该债务转由丙丁承担，须经债权人戊、己、庚、辛的同意，但该债务承担是以甲乙与丙丁之间的债务承担协议为基础的，而该债务承担协议是附条件的债务承担协议，即以丙丁现实取得对甲乙房产的所有权为前提。现丙丁因未实际取得甲乙房产的所有权，即该债务承担协议的条件未成就，该债务承担协议也不发生效力。因此，丙丁不承担戊、己、庚、辛的债务，该债务仍由甲乙承担。

（三）处理结果

法院认定甲乙与丙丁达成以店面房抵债协议属于以物抵债协议，该协议是在债务已届清偿期后签订，且是当事人双方的真实意思表示，故该协议有效。该以物抵债协议的达成构成债的更改，即成立新债务，与旧债务并存，双方没有消灭旧债的合意，该协议的签订系另行增加一种清偿债务的履行方式。若甲乙方不能履行该以物抵债协议，则甲乙仍应当承担继续偿还借款的义务；因丙丁未实际取得甲乙房产的所有权，即该债务承担协议的条件未成就，该债务承担协议也不发生效力。因此，丙丁不承担戊、己、庚、辛的债务，该债务仍由甲乙承担。

第四节　债的履行期限

【案例　我该什么时间交付？】

（一）案情摘要

甲市的飘香茶庄和乙市的四溢茶场签订了一份春茶买卖合同，合同约定：四溢茶场向飘香茶庄供应春茶400公斤，每公斤茶叶价格为200元。飘香茶庄预付1万元定金，余款在交茶以后1个月内付清。交货地点在甲市的飘香茶庄所在地。茶叶验收由飘香茶庄和四溢茶场共同邀请的验茶师刘某确定。如茶叶质量存在问题，不符合要求，飘香茶庄有权退货。如飘香茶庄迟付货款，四溢茶场有权要求日付违约金200元，但是双方对合同中春茶交付的时间约定不明，仅规定甲公司应于2014年交付 400 公斤的茶叶，为此引起纠纷。

（二）相关法理知识及案例评析

本案中，合同的履行期限应如何确定？为什么？本案涉及债的履行期限问题。履行期限，有约定的依其约定。当事人可以约定一宗债务划分为各个部分，每个部分各有一履行期限；还可以约定数个履行期限，届时可以选择确定；在双务合同中可分别约定两个对立债务的履行期限。无此约定的，可由当事人事后以协议补充。履行期限，法律、法规有规定时，依其规定。履行期限还可由债务的性质确定。例如，在饭店预订酒席，依其性质应以宴客之日为履行期限。依上述规则不能确定履行期限时，应按照《合同法》第 62 条第（四）项的规定，履行期限不明确的，债务人可以随时履行，债权人也可以随时要求履行，但应当给对方必要的准备时间。履行期限有为债务人利益的，有为债权人利益的，也有为双方当事人利益的。对于前者，债权人不得在履行期前请求履行，但债务人可以抛弃其期限利益，在履行期前为履行。对于第二种情况，债权人可以在履行期限前请求债务人为履行，但债务人无权强行要求债权人于期前受领给付。对于第三种情况，债务人无权强行要求债权人于期前受领，同时债权人无权请求债务人于期前履行。依《合同法》第 71 条规定，债权人可以拒绝债务人提前履行债务，除非提前履行不损害债权人的利益。本案中，飘香茶庄和四溢茶场约定"2001 年交付 400 公斤的茶叶"，该约定应为约定不明，但依照习惯，春茶的收获季节一般为春三月，因此，依习惯在春三月交付春茶。

（三）处理结果

根据《合同法》第 62 条第（四）项的规定，履行期限不明确的，债务人可以随时履行，债权人也可以随时要求履行，但应当给对方必要的准备时间。因本案涉及特殊的合同标的，故根据行业规则和交易习惯，应当确定四溢茶场向飘香茶庄供应春茶的时间为三月交付。

第五节　履行期限不明确与合同效力

【案例　"货到提"的约定明确吗?】

（一）案情摘要

2016 年 6 月 13 日，原告张三在被告润宇家居购买家具时同商场签订了购买价值 3 万元的家具购销合同，该批家具系从广东定做后运入呼和浩特。售货员告知原告应支付定金 1 万元，原告遂在支付了定金后，等待被告通知。此后，原告多次去提货，均因货未到无法提货。2016 年 9 月 17 日原告要求被告退还定金，被告以销售合同上所写提货时间是"货到提"为由予以拒绝。9 月 24 日，被告要求原告提货，原告拒绝履行，并以被告违约为由诉至法院，要求商场退还定金，并承担违约责任。

（二）相关法理知识及案例评析

对本案应重点分析以下问题：①本案中，被告华港商场是否应承担违约责任? 为什么? ②本案中，双方当事人约定的定金条款效力如何? 为什么?

本案涉及债的履行期限问题。依《合同法》第 61 条、第 62 条第 1 款第（四）项规定，合同生效后，当事人就履行期限没有约定或者约定不明确的，可以协议补充; 不能达成补充协议的，按照合同有关条款或者交易习惯确定，仍不能确定的，债务人可以随时履行，债权人也可以随时要求履行，但应当给对方必要的准备时间。本案中，双方当事人在合同中约定提货时间为"货到提"，由于双方对其含义各执一词，又都不能就其主张的提货时间举证证实，应认为系当事人对合同履行期限约定不明。因双方当事人观点的分歧难以达成补充协议，因此，债务人可以随时履行，债权人也可以随时要求履行，但应当给对方必要的准备时间。因原告所订购家具系从广东定做并运入呼和浩特，被告在 40 天左右要求原告提货，应认为系在合理期限内履行自己的义务。

本问涉及定金条款的效力问题。依《担保法》第 91 条规定，定金的数额由当事人约定，但不得超过主合同标的额的 20%。依《担保法解释》第 121 条规定，当事人约定的定金数额超过主合同标的额 20% 的，超过的部分，人民法院不予支持。定金是指当事人为了履行合同而在合同订立时交付对方一定数额金钱，以其得失作为履行合同的担保。定金合同系主合同的从合同，其有效成立以主合同有效为前提。除此之外，定金合同还应符合其自身生效要件，应采用书面形式订立；应实际交付定金；定金数额应不超过主合同标的额的 20%。本案中，原告、被告双方订立的家具购销合同合法有效，双方以书面形式订立的定金合同中，不超过主合同标的额 20% 的部分具有定金效力。超过部分，依法不具有定金效力。

（三）处理结果

"货到提"的约定，属于对合同的履行期限约定不明确，《合同法》第 61 条、第 62 条第 1 款第（四）项规定，合同生效后，当事人就履行期限没有约定或者约定不明确的，可以协议补充；不能达成补充协议的，按照合同有关条款或者交易习惯确定，仍不能确定的，债务人可以随时履行，债权人也可以随时要求履行，但应当给对方必要的准备时间。被告未能按照交易习惯向原告交付家具，属于违约行为。该案可以适用定金罚则，但原告支付的 1 万元中 6000 元视为定金，4000 元视为预付款。

第六节　债的履行方式

【案例　到底是上门拉货还是送货上门?】

（一）案情摘要

甲因购买新房四室一厅，现向某商场订购红木家具一套，借款为 8 万元，甲预付定金 1 万元，余款在交货后即时支付，双方同时约定，如红木家具存在质量问题，甲有权要求退货，并要求某商场双倍返还定金 2 万元。但合同未约定履行方式及履行费用。商场认为，甲应上门拉货，否则，甲应支付 1000 元的运费。甲认为，商场应送货上门，运费由商场承担。双方为此引起纠纷。

（二）相关法理知识及案例评析

本案应如何处理？为什么？本案涉及债的履行方式问题。履行方式，是完成债务的方法。如标的物的交付方法，工作成果的完成方法、运输方法、价款或酬金的支付方法等。当事人对履行方式有约定时，依其约定；无约定时，按照有利于实现合同目的的方式履行，债权人可以拒绝债务人部分履行债务，除非部分履行不损害债权人的利益。依《合同法》第 61 条、第 62 条规定，当事人双方对履行方式和履行费用没有约定或者约定不明确的，可以协议补充，不能达成补充协议的，可按照合同有关条款或者交易习惯确定，不能依照合同有关条款或者依习惯确定的，履行方式不明确的，按照有利于实现合同目的的方式履行，履行费用不明确的，由履行义务一方负担。本案中，甲向商场购买大型家具，依习惯，一般采送货上门方式，同时依照合同法规定，按照有利于实现合同目的的方式履行，也应由商场送货上门。对于履行费用，依习惯应由商场承担，依合同法规定，由履行义务一方承担，即商场承担。故商场应送货上门，并承担运输费用。

（三）处理结果

依《合同法》第 61 条、第 62 条的规定，甲与商场之间合同的履行方式是由商场送货上门，履行费用即运输费用，也由商场承担。

第三章
债的保全

【知识串讲】

（一）债的保全的概念

指法律为防止因债务人的财产不当减少而给债权人的债权带来危害，允许债权人代债务人之位向第三人行使债务人可以行使的权利，或是请求法院撤销债务人的单方实施的行为或其与第三人共同的法律行为的法律制度。即通过保全制度赋予债权人以代位权和撤销权。

（二）债权人代位权

债权人代位权是指当债务人怠于行使对第三人享有的到期债权而侵害了债权人的债权的，债权人可以向法院请求以自己的名义代位行使债务人对次债务人（即债务人的债务人）的债权的权利。

（1）成立条件：债权人对债务人的债权合法、确定且已到期；债务人怠于行使到期债权，对债权人造成损害；债务人的债权已到期；债务人的债权不是专属于债务人自身的债权（所谓专属于债务人自身的债权是指基于抚养、赡养、继承等关系产生的给付请求权和劳动报酬、退休金、抚恤金、安置费、人寿保险、人身伤害赔偿请求权等权利）。

（2）债权人代位权的行使。①主体：由债务人的各个债权人以自己名义行使代位权；债权人代位权必须通过诉讼程序行使。②范围与界限：以保全债权的必要范围为限，其行使原则上不得处分债务人的权利，擅自处分的行为无效；而诉讼请求范围上，债权人只能在自身债权额及债务人权利的范围内提起代位权诉讼，请求数额超过债务人所负债务额或超过次债务人对债务人所负债务额的，对超出部分不予支持。同时，在代位诉讼中，债权人请求法院对次债务人财产采取保全措施的，应当提供相应的财产担保；而次债务人可以援用债务人的抗辩对抗债权人。

（三）债权人撤销权

债权人撤销权是指债权人对债务人所为的危害债权行为，可以申请法院予以撤销的权利。

（1）成立要件：客观上，债务人实施了有害于债权的行为，即须有债务人减少财产的行为，债务人的行为须有害于债权；主观上，行为人具有主观恶意，即明知其行为可能引起或增强债务清偿的资力不足，有害于债权人的利益仍为之的心理状态。（债务人有害于债权的无偿行为时，只需具备客观要件，债权人即可请求法院予以撤销，不以债务人和第三人恶意为要件）

（2）债权人撤销权的行使。①主体：由债权人以自己名义行使；债权人撤销权必须通过诉讼程序行使。②范围与界限：以债权人的债权为限；当数个债权受到同一债务人行为危害，各债权人均有权依撤销权起诉，其请求范围仅限于各自债权的保全范围。③诉讼时效与除斥期间：撤销权应自债权人知道或应当知道撤销事由之日起 1 年内行使，此 1 年为诉讼时效；自债务人行为发生之日起 5 年内没有行使撤销权的，该撤销权消灭——除斥期间。

（四）债权人代位权与撤销权的比较

（1）相同点：目的都是对债权进行保全，都必须通过诉讼程序行使。

（2）不同点：①着眼点不同：代位权着眼于债务人的消极行为，即怠于行使属于自己的财产权利的不作为；而撤销权着眼于债务人减少其财产的积极行为。②代位权诉讼以次债务人为被告，债务人为第三人，且只能在自身债权额及债务人权利范围内提起诉讼；而撤销权诉讼以债务人为被告，受益人或受让人作为第三人，以债权人的债权为限。③代位权中次债务人向债权人履行的是清偿义务，受诉讼时效的限制，而撤销权中使债务人财产恢复原状，作为前提债权人的共同担保，并受诉讼时效和除斥期间的限制。④代位权的诉讼费用由次债务人负担，而撤销权中必要费用由债务人负担，有过错的第三人适当分担。

第一节　债权保全代位权的成立要件及其范围

【案例　我能直接起诉丙吗？】

（一）案情摘要

甲公司向乙商业银行借款 10 万元，借款期限为 1 年。借款合同期满后，由于甲公司经营不善，无力偿还借款本息。但是丙公司欠甲公司到期货款 20 万元，甲公司不积极向丙公司主张支付货款。为此，乙商业银行以自己的名义要求丙公司向自己清偿 20 万元货款，以抵充甲公司所欠自己的借款。丙公司认为自己与银行并无债权债务关系，拒绝偿还。乙银行诉至法院。

（二）相关法理知识及案例评析

对本案应重点分析以下问题：①乙银行是否有权向丙公司

提起诉讼？为什么？②本案应如何处理？为什么？

本案涉及债权保全代位权的构成要件问题。依《合同法》第 73 条规定："因债务人怠于行使到期债权，对债权人造成损害的，债权人可以向人民法院请求以自己的名义代位行使债务人的债权，但该债权专属于债务人自身的除外。"本条规定是关于债权保全代位权的法律依据。

所谓债权保全代位权，是指债权人以自己的名义在债务人怠于行使到期债权，且损害债权实现的情况下向次债务人请求清偿的权利。

债权保全代位权的成立要件包括：

（1）债权人对债务人的债权合法，且已到期。债权人对债务人存在有效债权，是债权人代位权行使的前提。债权人如对债务人不存在合法的债权，则债权人不能行使代位权。

（2）债务人对第三人享有合法债权，且已到期。债务人对于第三人的合法债权，为债权人的代位权的标的。债权人的代位权涉及第三人的权利，若债务人享有的权利与第三人无涉，自不得成为代位权的行使对象。按《合同法》第 73 条的规定，代位权的标的，指债务人的到期债权，如合同债权、不当得利返还请求权、基于无因管理而生的偿还请求权等。得代位行使的债务人的权利，必须是非专属于债务人本身的权利，专属于债务人本身的权利不得为债权人代位行使。专属于债务人自身的债权，是指基于抚养关系、扶养关系、赡养关系、继承关系产生的给付请求权和劳动报酬、退休金、养老金、抚恤金、安置费、人寿保险、人身伤害赔偿请求权等权利。

（3）债务人怠于行使其权利。所谓怠于行使其权利，是指应行使并且能行使而不行使其权利。所谓应行使，是指若不于其时行使，则权利将有消灭或丧失的可能。例如，请求权将因时效完成而消灭，受偿权将因不申报破产债权而丧失。所谓能行使，是指不存在行使权利的任何障碍，债务人在客观上有能力行使其权利。所谓不行使，即消极地不作为，至于是否出于债务人的过错，其原因如何，都在所不问。第三人（债务人的债务人）不认为债务人有怠于行使其到期债权情况的，应当承担举证责任。

（4）债务人已陷于迟延。在债务人迟延履行以前，债权人的债权能否实现，难以预料，若在这种情形下允许债权人行使代位权，则对于债务人的干预实属过分。反之，若债务人已陷于迟延，而怠于行使其权利，且又无资力清偿其债务，则债权人的债权已经有不能实现的现实危险，此时已发生保全债权的必要。所以，代位权应以债务人陷于迟延为成立要件。

（5）有保全债权的必要。所谓必要，是指债权人的债权有不能依债的内容获得满足的危险，因而有代位行使债务人的权利以便实现债权的必要。具体地说，对不特定债权及金钱债权，应以债务人陷入无资力为必要；对特定债权及其他与债务人资力无关的债权，则不以债务人陷入无资力为必要。

本案中，甲公司对丙公司的债权为金钱债权，乙银行对甲公司所享有的债权合法有效，上述两个债权均已到期。甲公司怠于行使对丙公司的债权，且因其怠于行使致使乙银行的债权实现有现实危险，损害了债权人乙商业银行的利益。因此，乙银行有权行使代位权，以自己的名义请求丙公司偿还甲公司的借款。

本案涉及债权保全代位权的范围问题。债权人的代位权行使的界限，以保全债权人的债权的必要为其限度。在必要范围内，可以同时或顺次代位行使债务人的数个权利。应代位行使的权利的价值超过债权保全的程度时，要在必要的限度内，分割债务人的权利，才能行使债权人的代位权，除非该权利不可分割。在代位权诉讼中，债权人行使代位权的请求数额超过债务人所负债务额或者超过次债务人所负债务额的，对超出部分人民法院不予支持。本案中，甲公司仅欠银行 10 万元本息，而丙公司所欠甲公司货款达 20 万元，对于超出银行本息部分的请求，人民法院不予支持。

（三）处理结果

银行的代位权符合法律规定，可以直接向丙公司提起诉讼，并将甲作为第三人提起诉讼，但其主张的范围仅以丙公司对甲的债权为限，对于超出银行本息部分的请求，人民法院不予支持。

第二节　债权保全代位权的效力

【案例　我能直接起诉丙吗之二？】

（一）案情摘要

甲为购买三轮车急需 8000 元现金，于是向邻居乙借了 8000元，双方签订了书面的借款合同，合同约定利息为同期银行存款利率的 1.5 倍，还款日期为 1 年，到期后连本带息一并返还。后因甲经营不善，在还款期限届至时，无法偿还所欠乙的欠款。乙经多次向甲催要欠款，甲均以无钱偿还推脱。后经乙调查，甲的朋友丙曾在 3 年前向甲借了 6000 块钱，约定的还款期限为3 年，现已到期。但是甲却认为即使这笔钱要回来了，也只得还给乙，因此迟迟不肯向丙催要，而丙也没有主动提出向甲还钱。乙得知这一消息后，和甲协商要求甲向丙要回这笔钱还给自己，甲不肯。乙于是直接找到丙要求丙代甲向自己还钱，遭到了丙的拒绝。乙遂以自己的名义诉至法院，要求代位行使甲对丙的债权。为此，乙花费诉讼费用若干。

（二）相关法理知识及案例评析

对本案应重点分析以下问题：①本案中，乙能否直接要求丙向自己清偿6000元？为什么？②乙在该诉讼中支付的诉讼费用应如何承担？为什么？

本案涉及债权保全代位权的效力问题。依《最高人民法院关于适用〈中华人民共和国合同法〉若干问题的解释（一）》（以下简称《合同法解释（一）》）第20条规定："债权人向次债务人提起的代位权诉讼，经人民法院审理后认定代位权成立的，由次债务人向债权人履行清偿义务。债权人与债务人，债务人与次债务人之间相应的债务关系即予消灭。"本条是关于次债务人向债权人履行清偿义务的法律依据。在债权人代位权诉讼中，如果债权人代位权诉讼成立，次债务人能否直接向债权人履行清偿义务，在民法理论上存在两种观点：一种观点认为，债权保全代位权的本质在于实现债权的保全功能，在于强化债务人的责任财产，在于强化债务人履行债务的能力。因此，次债务人在债权保全诉讼成立以后，只能向债务人进行清偿，而不能向债权人直接清偿。另一种观点认为，债权保全的代位权诉讼具有债权实现的功能，为了保障积极行使权利的债权人的利益，次债务人可向债权人直接清偿，以消灭债权人与债务人之间的债务关系，以及债务人与次债务人之间的债务关系。我国司法实践采用了第二种观点。

本案涉及债权保全代位权行使的费用问题。债权人行使代位权的费用由谁承担，《合同法》第73条规定，债权人行使代位权的必要费用由债务人承担，《合同法解释（一）》第19条规定，债权人代位权诉讼胜诉的诉讼费用由次债务人承担，从实现的债权中优先支付。这两条规定具有不一致性。《合同法》

第73条的规定是依照传统的代位权理论设计的。在传统的代位权理论中，代位权的功能是实现债权保全的功能，而不是债权实现的功能。代位权实质上是一种形成权，而不是一种请求权。根据代位权的功能，在诉讼上，债权人应以债务人为被告，以次债务人为第三人。因此，如果债权人代位权诉讼胜诉，根据败诉方承担诉讼费用的原则，自然由债务人承担相关费用。根据我国的现实情况和司法实践，传统的代位权理论无法解决现实中普遍存在的三角债问题，同时，因为代位权仅具有债权保全的功能，致使债权人代位权诉讼后，将会进一步引发债权人与债务人以及代位权诉讼的债权人与其他债权人的诉讼，增大诉讼成本和司法运行成本。为此，《合同法解释（一）》第20条规定："债权人向次债务人提起的代位权诉讼经人民法院审理后认定代位权成立的，由次债务人向债权人履行清偿义务，债权人与债务人、债务人与次债务人之间相应的债权债务关系即予消灭。"本条规定突破了代位权的债权保全功能，采代位权的债权实现功能，即次债务人直接向债权人履行清偿义务。这样，在代位权诉讼上，债权人直接以次债务人为被告，债务人可为诉讼中的第三人。既然，以次债务人为被告，如果债权人在代位权诉讼中胜诉的，根据败诉方承担诉讼费用的原则，诉讼费用当然由次债务人承担，因此，《合同法解释（一）》第19条规定："债权人代位权诉讼胜诉的，诉讼费用由次债务人承担，从实现的债权中优先支付。"这里所说的诉讼费用，主要指案件的受理费、债权人必要的差旅费以及案件的执行费等。

（三）处理结果

本案中，乙提出债权保全代位权诉讼符合代位权诉讼的成立要件，因此，人民法院应当支持债权人乙的诉讼请求，要求次债务人丙向债权人乙清偿6000元的债务。未得清偿的债务的余额部分因超出了次债务人对债务人的债务范围，次债务人可拒绝清偿，而应由债务人向债权人清偿。债权人乙在代位权诉讼中支付了若干诉讼费用，根据《合同法解释（一）》第19条的规定，应由次债务人丙承担。

第三节　债权保全代位权的行使

【案例　我的代位权行使方式正确吗?】

（一）案情摘要

2014年2月，新世界公司与绿地公司签订一份资金拆借合同，约定：绿地公司从新世界公司拆借人民币1500万元，并约定了还款期限及利息等。在拆借合同到期后；绿地公司偿还了部分本息，但尚有1300万元未还。故新世界公司向人民法院提起诉讼，请求判决绿地公司偿还所欠款项。2017年8月9日，法院判决，双方签订的资金拆借合同有效，绿地财务公司应在判决生效之日起7日内偿还新世界公司本息共计1300万元。由于绿地公司到期没有归还本息，但其对华商房地产有限公司拥有巨额到期债权，却不及时行使（4份借款合同，总计借款金额为4亿元）。故新世界公司于2017年9月1日向华商房地产有限公司要求偿还债务，以行使代位权。遭华商房地产有限公司拒绝，遂向法院提起代位权诉讼。经查，绿地公司另外已无财产。

（二）相关法理知识及案例评析

对本案应重点分析以下问题：①本案中，新世界公司行使代位权的方式是否符合法律规定？为什么？②在诉讼中，当事人的诉讼地位如何？

本案涉及债权保全代位权的行使方式问题。债权人的代位权必须通过诉讼程序行使。代位权必须通过诉讼程序行使，其主要原因在于：一方面，债权人的代位权突破了债的相对性原则，存在债权人的利益与第三人的利益的平衡问题。按照债的相对性原则，债的当事人之间的合同内容只对双方当事人具有约束力，对第三人不具有约束力，因此，债权人无权向第三人请求履行。但是，为了便利现实经济生活，强化债权人的债权实现，在债务人自身无力清偿债权而又对第三人享有债权的情况下，为了平衡债权人的利益与第三人的利益，法律上设计了债权人的代位权制度。这种债权人代位权制度必须满足法律规定的条件。这些条件包括：①债权人对债务人的债权合法；②债务人怠于行使其到期债权，对债权人造成损害；③债务人的债权已到期；④债务人的债权不是专属于债务人自身的债权。另一方面，如果满足了上述条件，债权人是否就可直接向次债务人行使请求权，答案是否定的。因为如果赋予债权人向次债务人直接行使请求权，则可能导致债权人滥用代位权，扩大行使代位权的范围，甚至可能损害债务人的利益，使债权人与债务人之间以及债务人与次债务人之间的债权债务关系进一步复杂化。因此，法律要求债权人代位权的行使必须通过裁判的方式。只有通过裁判方式才能有效地防止债权人滥用代位权，使债权人在保全债权的必要范围内行使代位权。

本案涉及在代位权诉讼中，当事人的诉讼地位问题。依照《合同法解释（一）》第16条第1款规定："债权人以次债务人为被告向人民法院提起代位权诉讼，未将债务人列为第三人的，人民法院可以追加债务人为第三人。"即，如果债权人对债务人的债权为合法有效的到期债权，债务人对次债务人的债权亦为合法有效的到期债权，次债务人对债权人行使代位权无争议，则债务人可以不参加代位权诉讼；如果在代位权诉讼中，存有争议，则人民法院应追加债务人为诉讼中的第三人。因此，在本案代位权诉讼中，华商公司为被告，绿地公司可以为第三人。

（三）处理结果

本案中，新世界公司对绿地财务公司的债权合法已经法院判决所证实；债务人绿地公司对第三人享有合法的债权，且该债权为借款债务，并非专属于债务人本身的债权，因此，可代位行使。债务人是否怠于行使其权利，依照《合同法解释（一）》第 13 条第 1 款规定，如果债务人不履行其对债权人的到期债务，又不以诉讼方式或者仲裁方式向其债务人主张其享有的具有金钱给付内容的到期债权，即构成怠于行使其权利。本案中，绿地公司对永盈公司享有到期债权而不积极行使，构成怠于行使其权利，并损害新世界财务公司的合法利益；绿地公司没有依照判决规定日期履行自己的义务，已经陷于迟延；绿地公司没有偿债能力，如不行使代位权，则必然损害债权人利益，因此，有保全债权的必要。因此，新世界公司有权主张代位权，符合代位权行使的实质要件，但其向第三人直接要求偿还债务不符合代位权行使的方式，华商房地产有限公司有权拒绝。其后，新世界公司向人民法院提起诉讼主张代位权，该代位权的行使方式是正当的。

第四节　债权保全撤销权的构成要件

【案例　我能撤销债务人与第三人的合同吗?】

（一）案情摘要

甲乙系夫妻，生有甲大、甲二两个儿子。甲乙进行民间融资活动，先后收取丙、丁、戊等 15 人借款 12 万元多。后因发生投资失败，甲乙欠丙丁戊等 15 人的借款不还。为此，丙丁戊等人向人民法院起诉要求返还款项。经法院审理判决，这些案件分别进入执行程序。其间，法院将甲乙的房屋予以查封，并在其门上张贴了执行公告。同时，法院书面通知县房地产公司，要求其不得为甲乙办理房屋过户手续。此后，甲大、甲二提出，此房系家庭共有财产，经分割，总共13间房屋中有10间房屋归甲大、甲二所有，已经出卖给胡某，并且办理了房屋过户登记手续。于是，执行程序中止。丙丁戊等人诉至法院，要求确认甲乙与甲大、甲二的分家析产协议无效，甲大、甲二与胡某的买卖协议无效，并且要求承担因此支付的律师代理费、差旅费等共计2000元。经查，该房系甲乙共同出资先后盖起，其间，甲大、甲二均在外地工作，没有出资。丙丁戊等人追索借款的案件审结后，甲乙为了逃避债务，经常外出躲债。由于胡某知道该房屋已经被扣押，怕受损失，又贪图房屋卖价便宜，其与甲大、甲二的买卖协议约定，如出现一切问题，均由甲大、甲二承担责任。

（二）相关法理知识及案例评析

本案中，丙丁戊等人是否有权请求人民法院宣告甲乙的分家析产协议及甲大、甲二与胡某的买卖协议无效？为什么？本案涉及债权保全撤销权的构成要件问题。

依《合同法》第74条规定："因债务人放弃其到期债权或者无偿转让财产，对债权人造成损害的，债权人可以请求人民法院撤销债务人的行为。债务人以明显不合理的低价转让财产，对债权人造成损害，并且受让人知道该情形的，债权人也可以请求人民法院撤销债务人的行为。"

债权人的撤销权制度是为保障债权人利益而设置的制度，其成立在第三人无偿取得的情况下只需要主观要件，而在第三人有偿取得财产的情况下包括主观要件和客观要件。客观要件包括：

（1）须有债务人的行为。所谓债务人的行为，按《合同法》第74条第1款规定，是指债务人所为的民事法律行为，包括放弃其到期债权，无偿转让财产和以明显不合理的低价转让财产。在实务中，债务人有下列情形之一的，债权人可以向人民法院提起撤销权诉讼：债务人放弃或者延展其到期债权，以致不能清偿其债务，对债权人造成损害的；债务人无偿转让财产，对债权人造成损害的；债务人放弃其未到期债权，又无其他财产清偿到期债务，可能影响债权人实现其债权；债务人以自己的财产设定担保，对债权人造成损害的；债务人以明显不合理的低价转让财产或者以明显不合理的高价收购他人财产，且受让人或者出让人明知或者应当知道该行为已经或者可能损害债权人的利益。

（2）债务人的行为有害债权。所谓有害债权，是指债务人减少其清偿资力，不能使债权人依债权本旨得到满足。债务人减少清偿资力包括两种情况：一为减少积极财产，例如让与所有权、设定他物权、免除债务；二为增加消极财产，例如债务人新负担债务。现存财产的变形，例如买卖、互易等，不一定导致减少资力的结果，只要有相当的对价，就不属于有害债权的行为。

（3）债务人的行为必须以财产为标的。债务人的行为，非以财产为标的者不得予以撤销。所谓以财产为标的的行为，是指财产上受直接影响的行为。

因此，如结婚、收养或终止收养、继承的抛弃或承认等，不得撤销。以不作为债务的发生为目的的民事法律行为，以提供劳务为目的的行为，财产上利益的拒绝行为，以不得扣押的财产权为标的的行为，均不得作为撤销权的标的。在有偿行为场合，债权人撤销权的成立以债务人有恶意为要件。依《合同法》第74条第1款的规定："对债务人以明显不合理的低价转让财产对债权人造成损害的，行使撤销权要求以受让人知情为要件。"因为无偿行为的撤销，仅使受益人失去无偿所得的利益，并未损害其固有利益，于是法律应首先保护受危害的债权人的利益。在有偿行为中，债务人的恶意，为债权人撤销的成立要件；受益人的恶意，为债权人撤销权的行使要件。如果仅有债务人的恶意而受益人为善意时，不得撤销他们之间的民事法律行为。具体而言：①债务人的恶意。债务人的恶意，以行为时为准。行为时不知，而后为恶意的，不成立诈害行为。其不知是否出于过失，在所不问。诈害行为由债务人的代理人实施的，其恶意的有无，就代理人的主观状态加以判断。债务人虽有恶意，但事实上未发生有害于债权人的结果时，不成立撤销权。②受益人的恶意。受益人，又称取得人，是指基于债务人的行为而取得利益的人。他通常为同债务人发生民事法律行为的相对人，但在为第三人利益的合同中，受益人为该第三人。受益人的恶意，是指第三人在取得一定财产或取得一定财产利益时，已经知道债务人所为的行为有害于债权人的债权，也就是说已经认识到了该行为对债权损害的事实，至于受益人是否具有故意损害债权人的意图，或是否曾与债务人恶意串通，不在考虑之列。受益人必须在受益时为恶意，在受益后才为恶意的，债权人不得行使撤销权。受益人受利益与债务人行为在时间上不一致时，只要在受益时为恶意，不论行为时系善意或恶意，应认定为恶意。受益人的恶意，虽一般要求由债权人举证，但债权人能证明债务人有害于债权的事实，依当时具体情形应为受益人所能知晓的，即可推定受益人为恶意。

（三）处理结果

本案中，既存在无偿转让财产的行为，又存在以明显不合理的低价转让财产的行为。而且这两个行为又相互关联，在第一个行为中，债务人甲乙将本属夫妻共有的财产中的绝大部分（13 间中的 10 间）无偿转让给甲大、甲二，该行为直接导致其对丙丁戊等人债务履行的困难，使其清偿能力降低，而且该行为是在甲乙与丙、丁、戊等人的债权行为成立以后进行的，该行为显系财产行为，符合撤销权的要件。在第二个行为中，甲大、甲二为逃避债务，又以低价转让该房屋给胡某，胡某明知其有恶意逃避债务的意图，为贪图便宜仍与其进行该房屋买卖行为。该行为亦符合撤销权的要件。因此，丙丁戊等人可以请求人民法院撤销甲乙及甲大、甲二的行为，以保全其债权得以清偿。但该撤销权的行使应通过诉讼的方式行使。

第五节　债权保全撤销权的标的范围

【案例　我可以撤销债务人的哪些行为？】

（一）案情摘要

王某为开服装加工厂，向李某借了 10 万元，购买了机器设备。合同约定还款期限为 2 年，利息为同期银行存款利息的 2 倍。两年后，眼看还款日期将近，而因整个服装市场不景气，销售服装无利可图，王某没有销售服装的经验，因此不但收不回成本，而且赔上了多年的积蓄。还款期限到了，李某向王某催要，王某答应说，就是变卖家中财产也要还给李某。后王某在拍卖家中财物时，朋友赵某知晓情形后告知王某，反正财产拍卖后的钱要还给李某，不如便宜以 1 万元的价格将一台价值 5 万元的汽车卖给他。王某表示同意。其间，王某父亲病故，其父有个人合法遗产 20 万元，其母早亡，继承人只有王某和王弟，因王弟遭遇车祸而残疾，生活困难，王某明确表示放弃自己的继承权。两个月后，王某的财产经核算共拍卖了 6 万元。李某得知王某以较低的价格把一辆汽车卖给了赵某后，要求王某把已经卖了的汽车收回，重新拍卖。而王某和赵某均不同意，于是李某诉到法院，请求法院认定王某和赵某之间买卖合同以及王某放弃继承权的行为无效，并要求赵某向自己返还汽车，以冲抵债务。

（二）相关法理知识及案例评析

对本案应重点分析以下问题：①李某是否有权请求法院撤销王某和赵某的买卖行为以及王某抛弃继承权的行为？为什么？②李某是否有权要求赵某向自己返还汽车？为什么？

本案涉及债权保全撤销权的标的范围问题。依《合同法》第 74 条规定，"债务人以明显不合理的低价转让财产，对债权人造成损害，并且受让人知道该情形的，债权人可以请求人民法院撤销债务人的行为。"对于以明显不合理的低价转让财产，债权人行使撤销权要求具备客观要件和主观要件。在客观要件上，要求债务人具有转移财产的有害债权实现的行为，债务人的有害债权实现行为是在债权成立之后成立的，债务人的行为为财产行为。在主观要件方面，要求受益人存在主观恶意，即知道债务人以逃避债务为目的而仍然实施该转移财产的行为。

债权保全撤销权所针对的可撤销的行为为财产行为，不为身份行为。所说财产行为，依《合同法》和《合同法解释（一）》之规定及司法实践，具体是指：①无偿转让财产的行为；②以明显不合理的低价转让财产的行为；③以明显不合理的高价收购他人财产的行为；④放弃到期债权的行为；⑤放弃未到期债权的行为；⑥无偿为他人债务提供担保的行为。上述财产行为只要是在债权人的债权成立后发生，且导致债务人的偿债能力降低，有害债权人的债权实现，债权人就可依法行使撤销权。所说身份行为，是指结婚、收养、终止收养、继承的抛弃和承认等行为，身份行为不得撤销。

本案涉及撤销权行使的后果问题。在债权保全撤销权诉讼中，如果债权人胜诉，则发生民事行为被撤销的法律效力。依据《民法总则》第 59 条规定："被撤销的民事行为从开始起无效。"同时依据《民法总则》第 61 条规定："民事行为被确认无效或被撤销后，当事人因该行为取得的财产应当返还给受损失的一方。"

（三）处理结果

本案中，王某对李某的债务成立在先，该债务合法有效，王某为逃避债务，将自己价值 5 万元的汽车以 1 万元的价格转让给赵某，该行为具备可撤销行为的客观要件。赵某为了自己之私利，与王某恶意串通，实施该买卖汽车的行为，表明赵某存在主观恶意。因此，王某与赵某买卖汽车的行为完全符合债权撤销权的要件，债权人李某可请求人民法院撤销该买卖行为。但王某抛弃继承权的行为虽然影响李某的债权的实现，但该行为并未使债务人王某已有的责任财产减少，已有的偿债能力降低，故该行为债权人李某不得请求撤销。本案中，王某与赵某之间的买卖行为被撤销后，该行为自始无效，赵某应当向王某返还汽车。李某不是该行为的当事人，因此，无权要求赵某向自己返还该汽车。

第六节　撤销权及撤销权行使对第三人权利的影响

【案情摘要】

张三于 2010 年向台阁牧村李四购买坐落在大台村西边的土地一块，购地后建有房屋一层两间。2014 年 10 月 3 日，土左旗国土资源分局对张三违法购地建房行为作出了处罚，张三交清罚款后，于 2015 年 11 月 17 日以家庭人口四人向土左旗国土资源分局申请，并于当年 12 月 6 日领取了该房屋的产权证明。2016 年 1 月 20 日，张三向王五借款 7.2 万元，后归还了一部分，到 2017 年 11 月 26 日，尚欠 5.2 万元。王五于 2017 年 11 月向土左旗人民法院提起诉讼，法院于 2017 年 2 月 23 日作出了判决，张三不服判决向呼和浩特市人民法院提起上诉。在二审期间，即 2017 年 6 月 10 日，张三将其名下的坐落在台阁牧村的房屋以分家析产为由转让给其弟弟张二三所有，并办理了土地使用权变更手续。2017 年 10 月 26 日，张二三用更名后的房屋产权证作担保，向中国农业银行抵押贷款 2 万元，并办理了抵押登记手续。王五发现张三已无可供执行的财产后，于 2018 年 3 月 8 日向土左旗人民法院提起民事诉讼，要求撤销张三转让房产的行为，同时，法院依原告申请查封了更名为张二三的房地产。经查，张三分别于 2007 年 12 月、2007 年 2 月生育两个小孩，2009 年补办结婚登记手续。2012 年与其父母兄弟正式分家后，便带着妻子及儿子共四口人从农村老家搬到台阁牧村的房屋居住至今。

【相关法理知识及案例评析】

对本案应重点分析以下问题：①本案中，王五是否有权向法院主张撤销张三转让房地产的行为？为什么？②本案中，农业银行是否有权对系争房地产主张抵押权？为什么？

本案涉及撤销权的构成要件问题。依照《合同法》第 74 条第 1 款规定："因债务人放弃到期债权或者无偿转让财产，对债权人造成损害的，债权人可以请求人民法院撤销债务人的行为。债务人以明显不合理的低价转让财产，对债权人造成损害，并且受让人知道该情形的，债权人也可以请求人民法院撤销债务人的行为。"据此，撤销权的行使因债务人处分财产的行为系有偿或无偿而须满足不同的构成要件：在处分财产的行为为无偿行为的情况下，无须具备主观要件，第三人是否恶意并不影响权利的行使。因为此种情况下，撤销债务人的财产处分行为对第三人并不造成利益损失，而对于债权人则关系甚大；在处分财产的行为为有偿行为的情况下，须第三人为恶意方可行使撤销权，因为，此时撤销权的行使已涉及交易安全，即第三人信赖利益保护问题。

本案涉及撤销权行使对第三人权利的影响问题。对此存在不同观点。一种观点认为，银行仍然可以主张抵押权，因为抵押登记具有公信力。信赖登记而为权利设定的当事人的，其信赖利益应予以保护。另一种观点认为，银行不得主张抵押权，因为，抵押权是原权利派生权利，原权利不存在，抵押权不存在。本案中，张三转让房地产给张二三的行为被撤销后，第三人农业银行因信赖原先登记的张二三的房地产而设定的抵押权是否依然有效，即不无疑问。张三转让房地产的行为被撤销后，系争房地产的所有权转归张三。该撤销具有溯及力，张二三自始对该房地产不享有所有权。

根据原权利和派生权利的关系，如果原权利自始不存在，则派生权利自然消灭。但是在本案中，张二三在设定抵押权于农业银行之时，其为所持有的土地使用权证上登记的所有权人，农业银行正是信赖此项登记而设定抵押权的，基于物权公信力原理，动产物权以交付为公示方法、不动产物权以登记为公示方法，对于信赖交付和登记而为权利设定的善意第三人，其信赖利益应予以保护，因此，以认可抵押权的效力为宜。农业银行主张抵押权时，所有权人张三可以代替张二三偿还所欠债务而使其房地产上附着的抵押权消灭，取得完整的所有权；也可以在农业银行拍卖房地产偿还债务后，取得对张二三的不当得利返还请求权。

【处理结果】

本案中，因张三转让房地产给张二三乃无偿转让，因此，撤销权的构成不以张二三的主观恶意为必要，而以该行为有害债权为依据。因张三在转让该房地产后，已无其他财产可供执行，故其财产处分行为影响债权人权利实现，符合撤销权的构成要件。农业银行的抵押系建立在公示公信基础上，故其抵押权成立且生效，有权就该房屋优先受偿。

第四章
债的担保

【知识串讲】

（一）债的担保的概念

法律为保证特定债权人利益的实现而特别规定的，以第三人信用或以特定财产保障债务人履行义务、债权人实现权利的制度。债的担保有一般与特殊担保之分。

所谓债的一般担保，指债务人必须以其全部财产作为履行债务的总担保；特别担保，则通常包括了人的担保（如保证）、物的担保（抵押、质押、留置、所有权保留）和金钱的担保（定金）。

（二）债的担保的种类

（1）法定担保——优先权、留置权，约定担保。

（2）人的担保（指以第三人信用担保债的履行的担保方式）、物的担保、金钱担保（以金钱为标的物而设定的担保）。

（3）反担保——指债务人或第三人确保担保人承担担保责任后实现对主债务人的追偿权而设定的担保，实质也是一种担保，但其担保的对象是担保人对主债务人的追偿权。

特征：①以担保存在为前提；②反担保中的债权人是为债务人提供担保的第三人；③保障的对象是担保人对债务人的追偿权；适用方式只能是抵押、质押和保证。

（三）保证

指保证人（第三人）和债权人约定，当债务人不履行债务时，由保证人按约定履行债务或承担责任。

1. 特征

①从属性（保证合同以主合同成立为前提，保证范围不得大于主合同债务范围，主合同消灭或转让的，原则上保证合同一并消灭和转让）；②相对独立性；③补偿性或连带性：一般保证的保证人所承担的保证责任具有补偿性，连带责任保证的保证人承担连带责任。

一般保证与连带责任保证——保证人在保证关系中所处地位不同。

2. 一般保证

一般保证是指当事人在合同中约定，只有当债务人不能履行债务时，才由保证人承担保证责任的保证，具有补偿性。

一般保证人享有先诉抗辩权：一般保证的保证人在主合同纠纷未经审判或仲裁，并就债务人财产依法强制执行仍不能履行债务前，对债权人可以拒绝承担保证责任。

一般保证人的特殊免责：由于一般保证人享有先诉抗辩权，所以一般保证人可以通过向债权人提供债务人的财产状况以便债权人实现自己的债权，从而免除或减轻自己日后的责任。如债权人放弃或怠于行使权利致使债务人财产不能被执行的，一般保证人也享有相应的免责。

先诉抗辩权行使的限制——有下列情形之一的，保证人不得行使先诉抗辩权：债权人要求债务人履行债务发生重大困难，如债务人住所变更、下落不明、移居国外，但必须是债务人没有财产可供执行；法院受理债务人破产案件，中止执行程序，这是为了维护债权人利益，保证人此时不得再行使先诉抗辩权；

保证人以书面形式放弃先诉抗辩权的。

3. 连带责任保证

连带责任保证是指当事人在保证合同中约定保证人与债务人对债务承担连带责任的保证。连带责任保证的债务人在主合同规定的债务履行期届满没有履行债务的，债权人可以要求债务人履行债务，也可以要求保证人在其保证范围内承担保证责任。

4. 最高额保证

最高额保证是指保证人对债权人与债务人在一定期间内连续发生的若干笔债务，在最高限额内承担保证责任的保证。

特点：最高额保证的生效与被保证债务是否实际发生无关；为一定期间内连续发生的债务；约定保证人承担保证责任的最高限额；其担保的是债务整体，各笔债务的清偿期仅对债务人有意义，不影响保证人承担保证责任。

5. 保证的设立

（1）条件：保证人应为具有代为清偿能力的人，如不具有完全代偿能力的保证人，以保证人身份订立保证合同后，又以自己没有代偿能力要求免除保证责任的，法院不予以支持。

（2）禁止提供保证的主体：未经国务院批准的国家机关；学校、幼儿园、医院等以公益为目的的事业单位、社会团体；企业法人的职能部门和没有企业法人书面授权的分支机构。

6. 保证合同

保证合同是指保证人与债权人约定，在主债务人不履行其债务时由保证人承担保证责任的协议，属于单务、无偿、诺成性、要式和附从合同。

7. 保证的效力

①债权人的权利：当主债务不履行时，债权人对保证人享有请求承担保证责任的权利。注意一般保证，因保证人享有先

诉抗辩权，故债权人只有先向主债务人提出主张不能履行时，才能向保证人主张。而连带责任保证则没有这样的规定。同时，债权人请求保证人承担保证责任，应在保证期间内提出。②保证人的权利：享有主债务人的抗辩权；享有主债务人的其他权利；享有保证债务的抗辩权；一般保证人还享有先诉抗辩权。

（四）定金

定金是指为确保合同履行，一方当事人根据合同的约定，预先付给另一方当事人一定数额的金钱。在债务人履行约定的债务后，定金应当抵作价款或者收回；债务人不履行债务，无权要求返还定金；收取定金方不履行约定的债务，应当双倍返还定金。定金属金钱担保。

1. 定金的特点

定金与预付款的不同在于：作用不同；地位不同；法律后果不同。交付方式不同；对定金数额的约定要明确具体，但不得超过主合同标的的20%；如果在合同中同时签订了定金和违约金，在一方违约的情况下，履行合同的一方只能选择其中之一，不能合用。定金合同为实践性合同，自交付成立。

2. 定金罚则

在债务人履行约定的债务后，定金应当抵作价款或者收回；债务人不履行债务，无权要求返还定金；收取定金方不履行约定的债务，应当双倍返还定金。

第一节　保证人的保证责任

【案例　我需要承担保证责任吗?】

（一）案情摘要

2016 年 3 月，张三因经营需要，向李四借款 4 万元并订有借款合同。合同约定还款期为 2 年。李四要求张三提供保证人，张三找到了在某国有有限责任公司担任董事长的表兄王五，要求其以该有限责任公司的名义为张三的债务提供担保，王五表示同意，但李四经过咨询，认为该有限责任公司不能作为保证人，便要求张三再提供其他保证人。张三找到做个体工商户的好友赵六作保证人，赵六口头向李四答应，为张三的债务提供担保。李四经过咨询，认为口头形式的担保不具有效力。遂要求赵六在与张三的借款合同中的保证人栏中签字。赵六碍于与张三的情面，在张三的请求下，便在该保证人栏中签字。后因张三无力还款，李四便要求赵六承担保证责任。赵六认为，自己是碍于情面才签字的，不愿承担保证责任，为此引起纠纷。

（二）相关法理知识及案例评析

本案主要涉及三个法律问题：①某国有有限责任公司能否作为保证人？为什么？②保证合同能否采用口头形式？为什么？③张某应否承担保证责任？为什么？

1. 第一个法律问题涉及保证人的资格问题。

保证，是指第三人和债权人约定，当债务人不履行其债务时，该第三人按照约定履行债务或者承担责任的担保方式。这里的第三人叫作保证人，这里的债权人既是主合同等主债的债权人，又是保证合同中的债权人；这里的"按照约定履行债务或者承担责任"称为保证债务，也称作保证责任。对于保证人的资格，一般要求是应具有行为能力和偿债能力的自然人、法人和非法人组织。

依担保法和最高法院的司法解释：

（1）自然人可以为保证人，但自然人为保证人应具有完全民事行为能力和偿债能力。

（2）企业法人可以为保证人，但公司企业法人的董事、经理为本公司的股东或者其他个人债务，以公司名义进行保证的，保证合同无效。

（3）学校、幼儿园、医院等以公益为目的的事业单位、社会团体也不得作保证人，但从事经营活动的事业单位、社会团体作为保证人的，如无其他导致保证合同无效的情况，保证合同有效。如电影发行公司、出版社所签订的保证合同，应为有效合同。

（4）国家机关原则上不得为保证人。但经国务院批准为使用外国政府或者国际经济组织贷款进行转贷的除外。外国政府贷款和国际经济组织贷款一般由国家有关主管机关负责借入，然后按有关规定转贷给国内有关单位。在转贷时，一般要求国内借款单位提供还款担保，这种担保得由国家机关提供。如外国政府贷款的转贷，就要求借款单位提交省、直辖市、自治区或计划单列市计委的还款担保。

（5）非法人组织可以作为保证人。所说非法人组织主要包括依法登记领取营业执照的合伙企业、独资企业、联营企业、乡镇街道村办企业、中外合作经营企业、经民政部门核准登记的社会团体。

（6）企业法人的分支机构、职能部门因其主体资格、清偿能力等方面的原因，不宜充任保证人。

企业法人的分支机构未经法人书面授权提供保证的，保证合同无效。因此给债权人造成损失的，企业法人的分支机构应承担过错责任。企业法人的分支机构经法人书面授权提供保证的，保证合同有效。如果法人的书面授权范围不明，法人的分支机构应对保证合同约定的全部债务承担保证责任。企业法人的分支机构管理的财产不足以承担责任的，由企业法人承担民事责任。企业法人的职能部门提供保证的，保证合同无效。债权人知道或应当知道保证人是企业法人的职能部门的，因此造成的损失由债权人自行承担。债权人不知保证人为企业法人的职能部门的，因此造成的损失，企业法人承担过错责任。

本案中，张三对李四所负的债务为个人债务，在一般情况下，企业法人可作为他人债务的保证人，具有保证人资格。但依据《公司法》第148条规定，董事、高级管理人员不得挪用公司资金或者将公司资金借贷给他人。董事、高级管理人员不得将公司资产以其个人名义或者以其他个人名义开立账户存储。董事、高级管理人员不得以公司资产为本公司的股东或者其他个人债务提供担保。因此，李四通过咨询，确认该国有有限责任公司无权为其债务提供担保是正确的。

2. 本案涉及保证合同的形式问题

保证合同，是指保证人与债权人订立的在主债务人不履行其债务时，由保证人承担保证债务的协议。

关于保证合同的形式，《担保法》第13条要求保证合同采取书面形式。实务中认为：①保证人与债权人就保证问题依法达成书面协议的，保证合同成立；②保证人以书面形式向债权人表示，当被保证人不履行债务时，由其代为履行或者承担连带责任并为债权人接受的，保证合同成立；③保证人在债权人与被保证人签订的订有保证条款的主合同上，以保证人的身份签字或者盖章；或者主合同中虽没有保证条款，但保证人在主合同上以保证人的身份签字或者盖章的，视为保证合同成立。

保证合同要求采用书面合同的形式，其立法目的在于，保证合同为单务合同、无偿合同，保证人应对债权人承担保证责任，而该保证责任承担后，其对债务人的追偿权往往不可能实现或者不可能完全实现。因此，应让保证人充分认识保证责任的意义，使其慎重考虑是否签订保证合同。本案中，李四经过调查，认为口头保证合同不具有法律效力是正确的。

3. 本案涉及保证责任问题

保证责任是保证人对债务人不能履行债务时应当对债权人承担的清偿责任。保证责任以书面保证合同为依据，保证责任是建立在保证合同基础上的，只要保证合同合法有效，保证责任一般就能成立。当然，保证合同又是主合同的从合同，如果主合同无效，保证合同亦无效，保证人因此不承担保证责任。保证责任是以主合同的债务人不能清偿债务或者不能完全清偿债务为前提的，如果债务人清偿了债务，则保证人的保证责任消灭。本案中，张三和李四所签订的借款合同合法有效，赵六虽然是碍于情面，在保证人栏中签字，但并不违反其真意，也不存在欺诈、胁迫、乘人之危、重大误解等情由，故该保证合同是合法有效的合同。现借款合同的债务人张三无力清偿债务，作为保证人的赵六应承担保证责任。

（三）处理结果

根据《最高人民法院关于适用〈中华人民共和国担保法〉若干问题的解释》（以下简称《担保法司法解释》）第22条的规定："第三人单方以书面形式向债权人出具担保书，债权人接受且未提出异议的，保证合同成立。"主合同中虽然没有保证条款，但是，保证人在主合同上以保证人的身份签字或者盖章的，保证合同成立。赵六的保证有效，应当承担保证责任。

第二节 保证的分类

【案例 未经保证人同意的借款展期】

（一）案情摘要

甲公司为购进一条先进生产线，便与乙银行签订了一份借款合同，借款数额为 500 万元，借款期限为 2 年，年息为 6%。因甲公司和丙公司、丁公司为联保单位，丙公司、丁公司经甲公司请求，为该借款合同进行保证担保，担保条款约定，如甲公司不能如期还款，丙公司、丁公司承担保证责任。后甲公司与乙银行推迟还款期限 1 年，并将推迟还款协议内容通知了丙公司和丁公司，丙公司和丁公司未予答复。因甲公司到期无力还款，乙银行要求丙公司和丁公司承担共同保证责任而引起纠纷。

（二）相关法理知识及案例评析

本案涉及的法律问题有：①甲公司与乙银行变更还款期限之前，丙公司、丁公司为何种保证责任方式？为什么？②甲公司与乙银行变更还款期限之前，丙公司与丁公司对乙银行的债权是承担连带责任，还是按份责任？为什么？③本案中，丙公司和丁公司应否承担共同保证责任？为什么？

1. 关于本案的保证方式问题

保证方式可分为一般保证和连带责任保证。所谓一般保证，是指当事人在保证合同中约定，债务人不能履行债务时，由保证人承担保证责任的保证。所谓连带责任保证，是指当事人在保证合同中约定保证人与债务人对债务承担连带责任的保证。这两种保证之间最大的区别在于保证人是否享有先诉抗辩权。在一般保证情况下，保证人享有先诉抗辩权，即一般保证的保证人在主合同纠纷未经审判或者仲裁，并就债务人财产依法强制执行仍不能履行债务前，对债权人可以拒绝承担保证责任。而在连带责任保证的情况下，保证人不享有先诉抗辩权，即连带责任保证的债务人在主合同规定的债务履行期届满时没有履行债务的，债权人可以要求债务人履行债务，也可以要求保证人在其保证范围内承担保证责任。上述情况表明，保证人在不同的保证方式中所处的地位不同，其利益受到法律保护的程度也有差异。一般而言，保证人在一般保证中的地位较优越，往往并不实际承担任何责任；相反，保证人在连带责任保证中的地位不太有利，只要债务人不履行其债务，保证人就得满足债权人提出的承担保证责任的请求。于此场合，法律对保证人和债务人同等保护。既然如此，保证人承担何种方式的保证责任就显得十分重要，需认真对待，最好是在保证合同中明确约定。本案中，乙银行与丙公司、丁公司的担保条款约定，如甲公司不能如期还款，丙公司、丁公司承担保证责任。该担保条款符合一般责任保证的特点，因此，丙公司、丁公司对债权人乙银行的保证为一般责任保证。如果未发生甲公司与乙银行变更保证期限的事由，在债务人甲公司不能履行债务的情况下，保证人丙公司、丁公司均享有先诉抗辩权。

2. 本案涉及共同保证问题

共同保证是指数个保证人担保同一债权的保证。具体而言，一是保证人必须是两人以上，至于是自然人还是法人抑或法律认可的非法人组织，在所不问；二是数个保证人担保同一债务，如果数个保证人分别保证各自的债务，彼此之间无关联，仍为单独保证，而非共同保证。数个保证人与债权人签订一个保证合同固然可以成立共同保证，而签订数个保证合同共同担保同一债权也可以成立共同保证，并且这些合同是同时成立还是先后成立，彼此间有无意思联络，均在所不问。关于共同保证的效力，《担保法》第 12 条规定："同一债务有两个以上保证人的，保证人应当按照保证合同约定的保证份额，承担保证责任。没有约定保证份额的，保证人承担连带责任，债权人可以要求任何一个保证人承担全部保证责任，保证人都负有担保全部债权实现的义务。已经承担保证责任的保证人，有权向债务人追偿，或者要求承担连带责任的其他保证人清偿其应当承担的份额。"共同保证分为连带共同保证和按份共同保证。两个以上保证人对同一债务同时或分别提供保证时，各保证人与债权人没有约定保证份额的，应当认定为连带共同保证。连带共同保证的保证人以其相互之间约定各自承担的份额对抗债权人，人民法院不予支持。连带共同保证的债务人在主合同规定的债务履行期届满后没有履行债务的，债权人可以要求债务人履行债务，也可以要求任何一个保证人承担全部保证责任。连带共同保证的保证人承担保证责任后，向债务人不能追偿的部分，由各连带保证人内部约定的比例分担，没有约定的，平均分担。按份共同保证的保证人，按照保证合同约定的保证份额承担保证责任后，在其履行保证责任范围内，对债务人行使追偿权。本案中，丙公司、丁公司均为乙银行的保证人，他们没有对乙银行的保证债权约定保证份额，符合连带共同保证的特征，故其应承担连带责任。

3. 本案涉及的主合同变更对保证责任的影响问题

依《担保法》第 20 条规定，债权人与债务人协议变更主合同的，应当取得保证人书面同意，未经保证人书面同意的，保证人不再承担保证责任。《担保法司法解释》进一步明确了《担保法》第 20 条的规定，该解释第 30 条规定："债权人与债务人对主合同履行期限作了变动未经保证人书面同意的，保证期间为原合同约定的或者法律规定的期间。"

（三）处理结果

本案中，丙公司、丁公司未与乙银行约定保证责任期间，依照《担保法》第 26 条规定："连带责任保证的保证人未与债权人约定保证责任期间，债权人有权自主债务履行期限届满之日起 6 个月内要求保证人承担保证责任。在合同规定的保证期间或前款规定的保证责任期间内，债权人未要求保证人承担保证责任的，保证人免除保证责任。"丙公司、丁公司因未约定保证责任期间，其保证责任期间为 6 个月，即自主合同履行期限届满之日起 6 个月。现甲公司与乙银行擅自变更了履行期限，延长履行期限 1 年，且未经保证人同意，此时，甲公司不能履行债务，保证人丙公司、丁公司的保证期间已过，得以免除保证责任，乙银行要求丙公司、丁公司承担保证责任于法无据，丙公司、丁公司可依法予以拒绝。

第三节 保证期间与诉讼时效

【案例 哪一笔借款需要承担保证责任】

（一）案情摘要

甲公司向乙银行分别借有 500 万元和 600 万元的款项。第一笔借款为 2015 年 12 月 30 日，保证人为丙公司。第二笔借款为 2016 年 12 月 30 日，保证人为丁公司。保证人丙公司、丁公司对上述两笔款项均未约定期限。对第一笔款项约定的保证方式为一般保证，第二笔款项未约定保证方式。上述两笔款项借款期限均为 1 年。2016 年 5 月 1 日，乙银行起诉甲公司偿还第一笔款项，甲公司于 10 月 1 日还款 100 万元。乙银行便于同年 10 月 5 日起诉丙公司，要求丙公司承担保证责任；丙公司以保证期间已过为由拒绝承担。2017 年 7 月 5 日，乙银行起诉甲公司偿还第二笔款项，并同时起诉丁公司承担保证责任，甲公司无力还款，丁公司拒绝承担保证责任。

（二）相关法理知识及案例评析

本案丙公司和丁公司应否承担保证责任？为什么？本案涉及保证期间与诉讼时效的关系问题。

保证期间为保证责任的存续期间，事关保证人与债权人之间的债权债务能否行使或履行，也是确定保证债务与诉讼时效关系的依据，因而保证合同应明确规定。无此规定的，在连带责任保证的情况下，债权人有权自主债务履行期届满之日起6个月内要求保证人承担保证责任；在一般保证场合，保证期间为主债务履行期届满之日起6个月。保证合同约定的保证期间早于或等于主债务履行期限的，视为没有约定。保证期间为主债务履行期届满之日起6个月。

保证合同约定保证人承担保证责任，直至主债务本息还清时为止等类似内容的，视为约定不明，保证期间为主债务履行期届满之日起2年。保证期间为除斥期间。

依担保法解释的规定，保证期间不因任何事由发生中断、中止、延长的法律后果。保证因合同而产生，因此，在债权人和保证人之间产生保证之债，保证之债作为债权之一种，受诉讼时效的制约。按《民法总则》和《合同法》规定，除法律另有规定的外，诉讼时效期间为3年。保证既适用保证期间的规定，又适用诉讼时效的规定，保证期间与诉讼时效的关系表现为：保证期间与诉讼时效均可能导致保证人不再承担保证责任。但二者又存在着本质的区别。保证期间主要适用于形成权，其效力在于消灭实体权利本身，保证期间属于除斥期间，不发生中止、中断或延长的情况；而诉讼时效适用于请求权，其效力在于消灭请求权的胜诉权。诉讼时效可依法中止、中断或延长。在保证期间内，如果债权人未向保证人主张权利，保证人因此免责，不存在诉讼时效问题。在保证期间内，债权人向保证人主张权利，保证人的保证责任即受诉讼时效的制约。

依担保法解释，在一般保证的情况下，保证责任的诉讼时效，从判决或仲裁裁决生效之日起开始计算。主债务诉讼时效中断，保证债务诉讼时效中断；主债务诉讼时效中止，保证债务诉讼时效同时中止。在连带责任保证的情况下，连带保证的债权人在保证期间届满前，要求保证人承担保证责任的，保证责任的诉讼时效从债权人要求保证人承担保证责任之日起开始计算。主债务诉讼时效中断，保证债务诉讼时效不中断；主债务诉讼时效中止，保证债务诉讼时效同时中止。保证人对已超过诉讼时效期间的债务，承担保证责任或者提供保证的，又以超过诉讼时效为由抗辩的，人民法院不予支持。

本案中，丙公司对甲公司向乙银行的第一笔借款作保，因未约定保证期间，其保证期间为6个月，即保证期间至2016年6月30日。因双方约定的保证方式为一般保证，依《担保法》第25条第2款规定："在合同约定的保证期间和前款规定的保证期间，债权人未对债务人提起诉讼或者申请仲裁的，保证人免除保证责任。债权人已提起诉讼或申请仲裁的，保证期间适用诉讼时效中断的规定。"该规定是因为保证人享有先诉抗辩权之故。

丁公司对甲公司向乙银行的第二笔借款作保，该保证未约定保证期间，其保证期间为6个月，即保证期间至2017年6月30日。因为该保证为连带责任保证，保证人丁公司不享有先诉抗辩权，依据《担保法》第26条第2款规定："在合同约定的保证期间或前款规定的保证期间，债权人未要求保证人承担保证责任的，保证人免除保证责任。"

（三）处理结果

本案中，债权人乙银行在2006年5月1日向人民法院起诉，要求债务人甲公司承担责任的事实，导致丙公司的保证责任期间的中断。对于甲公司无力承担的400万元，保证人丙公司应承担保证责任。乙银行未在保证期间内向保证人丁公司主张权利，因此，丁公司可不承担保证责任。乙银行对甲公司的第二笔借款只能要求甲公司偿还。

第四节　债务承担对保证责任的影响

【案例　我未同意债务转让，我还需承担保证责任吗?】

（一）案情摘要

甲公司向乙公司购买价值 50 万元的电视机，合同约定甲公司先预付 20 万元货款，其余 30 万元货款在提货后 3 个月内付清，并由丙公司提供连带保证担保，但未约定保证范围。提货 1 个月后，甲公司在征得乙公司同意后，将 30 万元债务转移给尚欠其 30 万元货款的丁公司。对此，丙公司完全不知情。至债务清偿期届满时，乙公司要求丁公司偿还 30 万元货款及其利息，而丁公司因违法经营被依法查处。法定代表人不知去向，公司的账户被冻结。于是，乙公司找到丙公司，要求其承担保证责任，丙公司至此才知道甲公司已将其债务转让给丁公司，遂以此为由拒绝承担责任。双方为此发生争议，乙公司诉诸法院。

（二）相关法理知识及案例评析

本案涉及的法律问题：①甲公司转让债务的行为是否有效?为什么? ②丙公司是否应继续承担保证责任? 为什么?

1. 关于债务移转的要件问题

《合同法》第 84 条规定："债务人将合同的义务全部或者部分转让给第三人的，应当经债权人同意。"该规定是债务承担的法律依据。所谓债务承担，是指不改变债的内容的情况下，债权人、债务人通过与第三人订立转让债务的协议，将债务全部或者部分转让给第三人承担的事实。债务承担分为并存的债务承担和免责的债务承担，在免责的债务承担中，要求被转移的债务具有可转移性，性质上不能转移的债务、当事人特别约定不能转移的债务、不作为债务不得转移。债务承担要求第三人与债务人就债务转移达成合意，并且经债权人同意。本案中，甲公司经债权人乙公司同意，将其欠乙公司的债务转让给丁公司，该债务具有可转移性，因此，该债务承担协议是有效的，具有法律效力。

2. 关于债务移转对保证责任的影响

依《担保法》第 23 条规定："保证期间，债权人许可债务人转让债务的，应当取得保证人书面同意，保证人对未经其同意转让的债务，不再承担保证责任。"本条规定是关于债务转移，保证人是否承担保证责任的法律依据。在保证关系中，保证人承担保证责任的基础是基于对债务人责任财产的确认和履行债务能力的信任。在免责的债务承担中，债务转由新的债务人承担，新的债务人的资信如何、责任财产如何、履行债务能力如何对保证人而言十分重要。因此，法律要求只有经过保证人的同意，保证人才在新债务人不能履行债务时承担保证责任。如果未经保证人同意，保证人不承担保证责任。

（三）处理结果

乙公司许可甲公司转让债务给丁公司，但未取得保证人丙公司的同意，所以丙公司不继续承担保证责任。

第五节　定金的有效条件及定金罚则

【案例　约定了定金的买卖合同】

（一）案情摘要

甲公司与乙公司于 2016 年 10 月签订一份买卖钢材 400 吨的合同，总价值 120 万元，并约定甲公司于 2016 年 12 月前交付货物，乙公司向甲公司支付了 20 万元的定金。合同签订后，甲公司依约供应了 200 吨钢材，后因钢材价格急剧上涨，甲公司受利益驱动，虽经乙公司多次催促，直至合同履行期满仅交付了一半货物，仍未全部交货。乙公司遂诉至法院。

（二）相关法理知识及案例评析

本案涉及的法律问题有：①甲公司和乙公司约定的定金是否有效？为什么？②乙公司可以向甲公司请求返还多少金额？为什么？

1. 本案涉及定金的有效要件问题

定金，是指合同当事人为了确保合同的履行，依据法律规定或者当事人双方的约定，由当事人一方在合同订立时，或订立后、履行前，预先给付对方当事人的金钱或其他代替物。定金的有效要件包括：

（1）主合同有效。定金合同是主合同的从合同，定金合同以主合同的有效成立为前提。主合同无效或被撤销时，定金合同亦无效；主合同因解除或其他原因消灭时，定金合同也消灭。这表明定金具有从属性。

（2）采用书面形式，并写明"定金"字样。定金的成立必须有书面定金合同，合同中必须明确写明"定金"字样。合同条款中，写明留置金、担保金、保证金、订约金、押金或订金等，未约定定金性质的，不按定金处理。

（3）实际交付定金。定金合同为实践性合同。主合同可以是实践性的，也可以是诺成性的，但定金合同不仅需要当事人双方的意思表示一致，而且需要现实交付定金。定金合同从实际交付定金之日起生效。关于定金交付的时间，证约定金通常于主合同成立时交付，以确实起到证明合同成立的作用；违约定金既可以在主合同成立同时交付，也可以在主合同成立后、履行前交付，因为在这段期限内的任何时刻交付，其功效都是同样的。

（4）定金数额不超过主合同标的额的20%。定金的标的，一般为金钱，少数情况下是其他代替物。之所以要求为代替物，是因为接受定金的当事人不履行债务时，必须双倍返还。定金的数额由当事人约定，但不得超过主合同标的额的20%。超过部分不按定金处理。当事人实际交付的定金数额多于或少于约定数额，视为变更定金合同。收受一方提出异议并拒绝接受定金的，定金合同不生效。

2. 本案涉及定金罚则的问题

依《担保法》第89条规定："当事人可以约定一方向对方给付定金作为债权的担保。债务人履行债务后，定金应当抵作价款或收回。给付定金的一方不履行约定的债务的，无权要求返还定金；收受定金的一方不履行约定债务的，应当双倍返还定金。"又依《担保法司法解释》第120条规定，当事人一方不完全履行合同的，应当按照未履行部分所占合同约定内容的比例，适用定金罚则。

（三）处理结果

在本案中，甲、乙两公司所签订的钢材买卖合同是有效的，在该合同中约定了定金条款，定金的金额为20万元，未超过主合同标的120万元的20%；且已实际交付，故合法有效。甲公司收受乙公司定金20万元后，只履行了约定义务的一半，因此，乙公司有权要求其返还20万元定金的一半，并适用定金罚则，故为20万元。

第六节　定金的种类和效力

【案例　我能要回我的定金吗?】

（一）案情摘要

原告张三在被告某经纪公司签订一份"商品房购买定金协

议",协议约定,张三向被告公司交付用于购买某商品房的定金人民币 2 万元;张三应于交付定金之日起 7 日内,到开发商处签订正式商品房销售合同,否则,所付定金不予退还。原告交付定金后,即与房地产开发公司进行商谈,但双方就商品房状况等事项未能达成一致,最终没有能够签订正式的商品房预售合同。为此,张三要求经纪公司返还定金 2 万元,遭到拒绝,遂诉至法院。据查,该经纪公司系受房地产开发公司委托代理销售预定商品房,双方签订有委托代理销售合同。

(二)相关法理知识及案例评析

本案涉及的法律问题:①本案定金性质如何?为什么?②本案定金协议效力如何?为什么?

1. 本案涉及定金种类问题

定金的种类包括:

(1)成约定金。成约定金,是指作为合同成立要件的定金,因定金的交付,合同才成立。

(2)证约定金。证约定金,是指定金为订立合同的证据。这种定金不是合同的成立要件,仅以证明合同成立为目的。

(3)违约定金。违约定金,是指交付定金的当事人若不履行债务,接受定金的当事人可以没收定金。这种定金和违约金都具有间接强制债务履行的效力。违约定金通常兼有证约定金的作用。

(4)解约定金。解约定金,是指以定金为保留合同解除权的代价,也就是交付定金的当事人可以抛弃定金以解除合同,而接受定金的当事人也可以双倍返还定金来解除合同。

(5)立约定金。立约定金,是指为保证正式缔约的定金。应解释为交付定金的当事人若拒绝立约,则丧失定金;接受定金的当事人若拒绝立约,则应加倍偿还定金。

我国关于定金的现行法律规范系任意性规范，在合同实践中当然允许当事人特别约定其他性质的定金，例如成约定金、解约定金或立约定金。当事人约定交付定金，作为主合同成立或者生效要件的，该约定有效。给付定金的一方未交付定金，但主合同已经履行或者已经履行主要部分的，不影响主合同成立或者生效。当事人约定定金作为解除合同条件的，该约定有效。定金交付后，交付定金的一方可以按照合同约定，以丧失定金为代价而解除合同。收受定金一方可以以双倍返还定金为代价而解除合同。本案当事人以明确的意思表示将所交付的定金作为正式缔约的保证，故应遵循当事人的意思，解释为立约定金。

2. 本案涉及定金协议的效力问题

定金协议为民事法律行为之一种，属于双方法律行为。因此，定金协议应符合民事法律行为之规定，即当事人具有相应的行为能力，意思表示真实，内容合法，如果存在欺诈、胁迫、乘人之危、重大误解、显失公平等情由，当事人可请求人民法院或者仲裁机构依法予以撤销。本案中，原被告双方签订定金协议时并未就商品房预售合同的主要条款达成一致，而是由原告交付定金后才与开发商协商预售合同的条款。此种情况下，若原告未能与开发商达成一致，则丧失定金，而此条款可以在预售合同中确定不合理条款。订立合同固然符合双方期望，没有达成协议也有相应的救济途径，因为该条款使原告消费者明显处于不利地位，故该协议为显失公平的协议。依《民法总则》第151条规定："一方利用对方处于危困状态、缺乏判断能力等情形，致使民事法律行为成立时显失公平的，受损害方有权请求人民法院或者仲裁机构予以撤销。当事人可以显失公平为由撤销该定金协议。当然，如撤销该定金协议，当事人应在知道撤销事由之日起 1 年内向法院或者仲裁机构申请。"

（三）处理结果

在商品房购买定金协议未被撤销之前，该合同有效。张三要求返还定金的请求不予支持。

第五章
债的转移

【知识串讲】

（一）概念：

在不改变债的内容的前提下，债权或债务由第三人予以承受，其实质是债权或债务在不同的民事主体间的移转，亦即由新的债权人或债务人代替原债权人或债务人，使债的主体移位。

（二）债权转让

指不改变债的内容，债权人将其享有的债权转移给第三人享有。其中，债权人称为转让人，第三人称为受让人。其方式可分为部分让与和全部让与。在债权部分让与时，受让人加入到债的关系中，与原债权人共享债权。

1. 债权转让的一般要件

（1）须存在有效的债权。

（2）被让与的债权须具有可让与性。注意：以下三类债权不得转让——①根据合同性质不得转让的债权，如基于特别信任关系而必须由特定人受领的债权，像委托、咨询等产生的债权；专为特定债权人利益而存在的债权；不作为债权，像竞业禁止；属于从权利的债权，不得与主权利相分离而单独让与；②按当事人约定不得转让的债权；③法律规定不得转让的债权，如因人身权受到侵害而产生的损害赔偿请求权等。

（3）让与人与受让人须就债权的转让达成协议，且不得违反法律有关规定。

（4）债权的让与须通知债务人，即债权转让不须征得债务人同意，只要尽到通知债务人义务即可，如未经通知，该让与合同仅在债权人与受让人之间生效而对债务人不发生债权转让的效力。

2. 债权转让的效力

债权转让的效力是指，因债权转让而对让与人、受让人和债务人发生法律上的效果。其中，债权转让在让与人和受让人间效力称为债权转让的内部效力；对债务人的效力称为外部效力。

（1）债权转让的内部效力。①法律地位的取代——债权转让生效后，在债权全部让与时，该债权由原债权人即让与人移转于受让人，让与人丧失债权，受让人成为合同关系的新债权人；而在部分让与时，让与人和受让人共同享有债权。②从权利随之移转。③让与人应将债权证明文件全部交付给受让人，并告知受让人行使债权所必要的相关情况。④让与人对其让与的债权应负瑕疵担保责任。

（2）债权转让的外部效力：债权转让对债务人的效力以债权转让通知为准，该通知不得迟于债务履行期。债权转让通知到达债务人后，债务人即应向受让人履行。

表见让与的效力：当债权人将债权转让第三人事项通知债权人后，即使让与并未发生或该让与无效，债务人基于对让与通知的信赖而向第三人所为的履行仍然有效。

债务人接到债权转让通知时，债务人对让与人的抗辩，可以向受让人主张；如债务人对让与人享有债权，且债务人的债权先于转让债权到期或同时到期的，债务人仍然可以依法向受让人主张抵销。

（三）债务承担——第三人对原债务的承受

1. 类型

以承担后原债务人是否免责为标准，分免责的债务承担和并存的债务承担：

（1）免责的债务承担，指债务人经债权人同意，将其债务部分或全部移转给第三人负担。（注意：根据《合同法》第84条规定："债务人将合同义务全部或部分转移给第三人的，应当经债权人同意。"）

（2）并存的债务承担，指债务人不脱离债的关系，第三人加入债的关系，与债务人共同承担债务。

2. 债务承担要件

①须存在有效债务；②被移转的债务应具有可移转性；③第三人须与债权人或债务人就债务的移转达成合意，即债务承担要求第三人就债务的移转与债权人或债务人意思表示一致，设立债务承担合同；④债务承担应当经债权人同意。

3. 债务承担的效力

①第三人取得债务人的法律地位；②抗辩权随之移转；③从属于主债务的非专属于债务人的从债务，也一样转移于承担人，如利息或违约金等。但他人为原债务人提供保证的，债务承担未取得保证人同意的，保证人的保证责任消灭。

第一节　债权转让的构成要件和性质

【案例　债权转让惹的祸】

（一）案情摘要

甲向乙借款1万元，约定还款期为1年。半年后，乙到丙处，发现全套张国荣纪念光盘，十分珍贵，欲购买之。丙保证该套光盘全由当年发布的歌曲和电影组成，绝对正版。经多次协商，丙以 1 万元价格出售该套光盘于乙。恰好此时，甲的借款已经到期，乙丙遂协商，由甲将 1 万元钱交付丙，丙表示同意。乙通知了甲，但未取得甲的同意。现出现下述事情，请予以解决。（1）本案中，债权转让协议是否有效？为什么？（2）若甲向丙支付了 1 万元款项后，乙发现所购光盘八成非系正版，并经由法院撤销了与丙的买卖。可否要求撤销债权转让由甲再次向自己支付 1 万元？为什么？

（二）相关法理知识及案例评析

1. 本案涉及债权转让的生效要件问题

债权转让，是指不改变债的关系的内容，债权人将其债权移转于第三人享有的法律事实。其中的债权人称为转让人，第三人称作受让人。根据债权转让的基本理论和《合同法》关于合同权利转让的有关规定，债权转让一般应具备以下条件：

（1）须存在有效的债权。有效债权的存在，是债权转让的根本前提。以不存在或者无效的债权转让他人，或者以已经消灭的债权转让他人，都将因标的不存在或者标的不能而导致债权转让合同无效，让与人对受让人因此而产生的损失，应负赔偿责任。有效的债权，是指该债权真实存在且并未消灭，并不意味着它一定能够得到实现，也就是说，让与人仅负有保证它确实存在的义务，并不负保证债务人能够清偿的义务。

（2）被让与的债权须具有可让与性。由于债权转让本质上是一种交易行为，只要不违反法律的强行性规定和社会公共道德，债权转让应当允许。

依据《合同法》第 79 条规定，以下三类债权不得转让。①根据合同性质不得转让的合同债权。主要包括：第一，基于个人信任关系而发生的债权。如雇佣、委托、租赁等合同所生债权。

第二，专为特定债权人利益而存在的债权。例如专向特定人讲授外语的合同，专门为特定人绘肖像画的合同。第三，不作为债权。例如，竞业禁止约定。由于不作为债权只是为了特定债权人的利益而存在，如果允许债权人让与债权，无异于为债务人新设义务，显然于债务人不公，所以不允许转让。第四，属于从权利的债权。例如保证债权系为担保主债权而存在，若与主债权分离，将失去担保性质，所以不得单独让与。②按照当事人的约定不得转让的债权。根据合同自由原则，当事人可以在不违反法律的强行性规定和公序良俗的前提下，自由约定合同债权不得转让。③依照法律规定不得转让的债权。《合同法》没有明确规定何种债权禁止让与，所以依照法律规定不得转让的债权是指《合同法》以外的其他法律中关于债权禁止让与的规定，例如《担保法》第 61 条规定："最高额抵押担保的主合同债权不得转让。"

（3）让与人与受让人须就债权的转让达成协议，并且不得违背法律的有关规定。债权转让既为合同行为，自应当适用民法关于意思表示的规定。当事人就债权转让的意思表示，应在自主自愿的基础上达成一致。因一方当事人欺诈、胁迫等行为致使对方当事人陷于意思表示不自由而为债权转让或受让行为时，债权转让合同的效力将会受到影响。债权转让合同为可撤销的合同的，撤销权人可以行使撤销权。转让合同被撤销后，受让人已经受领的利益，应该向让与人返还。转让合同如果存在《合同法》规定的合同无效的原因时，该转让合同当然不发生法律效力。本案中，乙将债权转让丙，该债权是合法有效的债权，该债权具有让与性，因此，该债权转让协议具有效力。

2. 本案涉及债权转让的性质问题

债权转让具有下列特性：

（1）债权转让具有非要式性。债权人与第三人就让与债权意思表示一致，债权转让合同即告成立。除法律、行政法规规定应当办理批准、登记手续的以外，无须履行特别的合同形式。

（2）债权转让具有无因性。债权转让是基于各种各样的原因而产生的，可能基于买卖、赠与，也可能是代物清偿，但不论其原因为何及其有效与否，对于债权转让合同的效力并无直接影响。这就是债权转让的无因性。该无因性，其目的在于保障债权流转的安全性，以及善意受让人的利益。

（3）债权转让是处分行为。债权转让是将债权作为一项财产进行处分，所以要求让与人就该债权必须具有处分权限和处分能力。无处分权人让与他人债权的，除非经债权人追认，其行为无效。同时，除无记名债权外不适用善意取得制度，即从无处分权人处受让债权时，不能因其善意而取得该债权。本案中，债权转让的原因行为为买卖行为，由于债权转让的原因行为与债权转让本身彼此分离，因此，买卖行为即使有瑕疵，也不影响该债权转让的效力。债权受让人对债务人仍有权要求清偿，债务人清偿债务以后，可以基于原因行为而向债权人追偿。

（三）处理结果

本案中，乙将债权转让丙，该债权是合法有效的债权，该债权具有让与性，且债权的让与不需要征得债务人的同意，只需要通知到债务人即可，因此，该债权转让协议具有效力，甲应当向丙履行债务。甲在向丙履行债务后，因丙出售的标的有质量问题，因该买卖合同的履行与借款债权转让无关，故由乙直接向甲基于质量问题提出赔偿。

第二节 债权转让对从权利的影响

【案例 我受让了债权，同时也享有抵押权吗?】

（一）案情摘要

张三因开设饭店而向好友李四借款 10 万元，李四要求张三进行抵押担保，张三遂以自己所有的一辆捷达轿车设定抵押担保。双方签订了抵押合同并办理了抵押登记，合同约定借款期限为 1 年。该年 7 月，因李四欠王五货款 10 万元，经李四与王五协商一致，李四将对张三的 10 万元债权转让给王五，且通知了张三。后因张三无力偿还该债务，发生纠纷。

（二）相关法理知识及案例评析

王五对轿车是否享有抵押权? 为什么? 本案涉及债权转让对从权利的影响。

根据民法学原理，主债权发生移转时，其从权利原则上应随之一同转移。为此，《合同法》第 81 条规定："债权人让与权利的，受让人取得与债权有关的从权利，但该从权利专属于债权人自身的除外。"随同债权移转而一并移转的从权利包括：①担保物权；②保证债权；③定金债权；④优先权（例如职工工资的优先受偿权等）；⑤形成权（如选择权、催告权等）；⑥利息债权；⑦违约金债权和损害赔偿请求权。从权利随之移转是一般原则，但专属于让与人自身的从权利并不随之移转。

（三）处理结果

本案中，李四将债权转让给王五，该债权为可转让的债权，且通知了张三，故该债权转让对张三发生效力。张三成为王五的债务人，王五成为张三的债权人。因该转移的债权为抵押担保的债权，王五在取得债权的同时，取得了对该债权的抵押权，该抵押权不属于专属于李四的权利，因此，王五在张三无力清偿债务时，可对该轿车行使抵押权。

第三节　债权转让的通知义务

【案例　谁才是适格的原告?】

（一）案情摘要

2015年7月，被告张三向甲啤酒厂购买"有力量"牌扎啤1万瓶，同年7月26日，甲啤酒厂将1万瓶扎啤按约送到被告张三处，并由被告出具了收条，言明："今收到甲啤酒厂扎啤壹万瓶整，收货人张三，2013年7月26日"，在收条中，并注明"由李四来结清"。2016年1月10日，甲啤酒厂出具了一份证明，其内容是"兹由我厂供销科李四在2013年7月26日经手发给张三的扎啤壹万瓶，每瓶价格1.10元，计货款壹万壹仟元整，此款已由李四在年终供销员结账时结算到李四个人名下，张三的货款归李四个人负责收回，特此证明"。现因李四向被告索要货款无着，诉至法院，要求被告张三偿还所欠货款。被告认为，与其有债权债务关系的是甲啤酒厂，而非原告李四，甲啤酒厂将对其债权转让给李四时并未通知他。因此，原告李四无权向其主张权利；且其在收条中并未约定啤酒的价格，甲酒厂认为价格为1.10元每瓶并无依据。经查，李四系甲啤酒厂供销科的业务员。后李四将张三起诉至法院。

（二）相关法理知识及案例评析

本案涉及的法律问题：①本案中，甲啤酒厂将其对被告张三的债权转让给原告李四是否已经生效? 为什么? ②本案中，甲啤酒厂与李四之间的债权转让是否对债务人张三发生法律效力? 为什么?

1. 本案涉及债权转让协议的生效要件

债权转让是指不改变债的关系的内容，债权人将其债权移转于第三人享有的法律事实。债权转让应具备以下有效要件。①存在有效的债权。②该债权具有可让与性。法律有规定、当事人另有约定以及依债权性质不得转让的债权不得转让。③让与人与受让人达成债权转让的协议。

本案中，甲啤酒厂将啤酒按约供应张三，形成有效债权。甲啤酒厂对张三的债权系货款给付债权，且当事人之间并无特别约定，具有可让与性。甲啤酒厂与李四达成债权转让的合意，因此，债权转让协议已经生效。

2. 本案涉及债权转让的通知义务问题

债权转让符合生效要件的，让与人和受让人之间的让与合同即成立并生效，发生债权转让的效果。但债权转让不仅涉及让与人和受让人之间的关系，而且涉及让与人与债务人、受让人与债务人之间的关系。因债权转让的事实，债权人对债务人的请求权由受让人取代，即让与人与债务人之间的债权债务关系消灭，受让人与债务人之间的债权债务关系产生，而受让人与债务人之间的债权债务关系的产生决定于让与人，即原债权人的通知效力。故《合同法》第 80 条第 1 款规定："债权人转让权利的，应当通知债务人。未经通知，该转让对债务人不发生效力。"债权转让的通知，作为意思表示之一种，当然应准用民法关于意思表示的有关规定。让与通知有无效或者可撤销原因时，按无效或可撤销之规定处理。债权转让通知到达债务人或其代理人时生效。通知的时间不得晚于债务履行的时间。按《合同法》第 80 条第 2 款的规定："债权人转让权利的通知不得撤销，但经受让人同意的除外。"债权转让通知原则还存在一些例外情况，主要表现为以下几点：

（1）证券化债权转让不以通知债务人为要件。例如指示债权，以背书和证券的交付而移转。无记名债券，如火车票、电影票等，则仅以债券的交付而移转债权，均不需通知债务人。票据债务人负有按照票据上载明的权利绝对履行的义务，而不得以未收到让与通知为由拒绝履行。

（2）特殊债权的移转必须办理登记手续。例如电话使用权的过户。

（3）当事人之间特别约定不得让与的，债权人欲转让债权，必须征得债务人的同意。

本案中，甲啤酒厂与李四达成债权转让后，没有履行通知义务。虽然，债务人张三在收条中注明由李四结账，但李四系甲啤酒厂的业务员，是代理甲啤酒厂与张三结账。而本案中，李四系主张自己的债权，性质迥然相异。据此，该债权转让协议对债务人张三不发生效力。

（三）处理结果

因甲啤酒厂与李四达成债权转让后，没有履行通知义务，故该债权转让对张三不产生效力。仍应由啤酒厂向张三主张啤酒款项，李四直接向张三主张，属于原告主体不适格，裁定驳回起诉。

第四节　代为履行与债权转让

【案例　谁是真正的债务人】

（一）案情摘要

2016年11月，被告甲通信工程公司为了工程施工，从原告乙通讯器材厂购买了价值18万元的通讯器材。2016年5月，就还款事宜，原告与被告甲通信工程公司和刘某（系甲公司该工程的承包人）签订还款协议一份，约定由刘某代为偿还所欠原告乙公司款项，由甲公司予以监督。因刘某未按约定代为偿还原告乙公司款项，2017 年 6 月，被告甲公司向原告出具了同意将被告丙电信局应付工程款支付给原告，以偿还欠款的委托书。原告据此多次向被告甲公司、刘某和丙电信局主张权利未果，遂诉至法院，要求三被告承担还款义务。经查，被告甲公司将被告丙电信局的应付工程款支付给乙公司的委托书内容已经通知丙电信局。

（二）相关法理知识及案例评析

本案涉及的法律问题：①本案中，刘某对被告甲通信工程公司所欠原告的债务承担何种责任？为什么？②本案中，原告是否有权要求丙电信局偿还欠款？为什么？

1. 本案涉及代为履行问题

依《合同法》第 64 条规定："当事人约定由债务人向第三人履行债务的，债务人未向第三人履行债务或者履行债务不符合约定，应当向债权人承担违约责任。"本条是关于由第三人履行合同的法律规定。债务由第三人履行与债务承担不同。依《合同法》第 79 条、第 84 条规定，除非当事人约定或者法律规定或者依合同性质不得转让的，当事人可以将合同中的义务部分或者全部转让给第三人。但债务人将合同中的义务全部或者部分转移给第三人的，应当经债权人同意。在债务承担中，经债权人同意后，第三人将取代债务人而成为债务人，原债务人退出债权债务关系。而第三人代为履行的情况下，债务人并不退出债权债务关系，第三人履行不合格的，仍然由债务人向债权人承担违约责任。

2. 本案涉及债权转让的有效要件

依《合同法》规定，债权人转让权利的，应当通知债务人。未经通知，该转让对债务人不发生效力。债权转让是指在不改变债的关系的内容的情况下，债权人将其债权转于第三人享有的法律事实。债权转让的有效要件包括：①存在有效的债权；②被让与的债权具有可让与性；③让与人与受让人就债权的转让达成协议，并不违反法律规定。若债权转让协议对债务人发生法律效力，必须将债权转让事实通知债务人。

（三）处理结果

本案中，原告与被告甲公司以及刘某约定，由刘某代为偿还原告款项，由甲公司负责监督，可以认为甲公司作为债务人并未退出债权债务关系，而刘某仅为甲公司债务履行的代理人，系第三人代为履行，而非债务承担关系；被告甲公司因工程施工而对丙电信局享有工程款项的合法债权，该债权系金钱债权，具有可转让性，并经与第三人原告乙公司达成债权转让协议，该协议内容已经通知债务人丙电信局。因此，原告乙公司已取得对丙电信局的债权，在其与甲公司协议的债权范围内有权要求丙电信局偿还债务。

第五节　债务承担的有效要件

【案例一　我们之间的债务转让了吗？】

（一）案情摘要

甲企业对乙企业享有 50 万元的贷款债权，遂将其欠丙企业的 50 万元的债务转让给乙企业，并取得了丙企业的同意。因乙企业到期向甲企业支付了 50 万元的贷款，甲企业受领，受领后，甲企业因经营不善宣告破产而引起纠纷。问：①甲企业与乙企业的债务承担协议是否有效？为什么？②乙企业向甲企业履行债务是否免除其对丙企业 50 万元债务承担的义务？为什么？③乙企业可否申报破产债权？为什么？

（二）相关法理知识及案例评析

1. 本案涉及免责的债务承担的有效要件问题

所谓债务承担，是指在不改变债的内容的前提下，债权人、债务人通过与第三人订立转让债务的协议，将债务全部或部分地移转给第三人承担的法律事实。免责的债务承担的有效要件包括：

（1）须存在有效的债务。债务有效存在是债务承担的前提。债务自始无效或者承担时已经消灭的，即使当事人就此订有债务承担合同，也不发生效力。但就不完全的债务，仍然可以成立债务承担。例如，债务虽然存在可撤销或者解除的事由，但在被撤销或者解除之前，仍可成立有效的债务承担。但若债务其后被撤销或者解除，则债务承担合同自始无效。对于撤销权或者解除权的行使，在免责的债务承担中，承担债务的第三人即有权行使。将来发生的债务也可以设立债务承担，只不过只有在该债务成立时，才能发生转移的效果。诉讼中的债务也可以由第三人承担，原债务人在诉讼中的判决对免责的债务承担人有效。

（2）被移转的债务应具有可移转性。不具有可移转性的债务，不能成为债务承担合同的标的。以下债务不具有可移转性：第一，性质上不可移转的债务。它是指与特定债务人的人身具有密切联系的债务，需要债务人亲自履行，因而不得移转。这种债务一般是以特定债务人的特殊技能或者特别的人身信任关系为基础而产生的。这种债务一般不能发生移转，否则会使债权人的预期目的落空。第二，当事人特别约定不能移转的债务。第三，不作为义务，只能由特定债的关系的当事人承担，而不能移转给他人。

（3）第三人须与债权人或者债务人就债务的移转达成合意。债务承担要求第三人须就债务的移转与债权人或者债务人意思表示一致。该意思表示一致就是一个合同，名为债务承担合同，其订立及效力应适用《合同法》总则关于合同订立的规定和民法关于意思表示的规定。

（4）债务承担须经债权人同意。第三人与债权人订立债务承担合同本身即表明债权人同意，不需另外的表示。在第三人与债务人订立债务承担合同时，则必须经债权人同意。债权人拒绝债务承担的，可以明示亦可默示。在债权人同意之前，第三人与债务人的债务承担合同属于效力待定的民事行为，债务人或第三人为了避免债务承担合同的效力久悬不决，可以定相当期限催告债权人于此期限内对同意与否进行答复，债权人逾期不答复的，即可推定为拒绝同意。

本案中，甲企业是乙企业的债权人，甲企业是丙企业的债务人，乙企业与甲企业之间达成协议，乙企业承担甲企业对丙企业的债务，该债务为金钱债务，是有效债务。同时，该债务具有可转让性，且经过了债权人丙企业的同意，符合免责的债务承担的有效要件，故该债务承担协议是有效的。

2. 本案涉及免责的债务承担的效力问题

免责的债务承担有效成立后，第三人取代原债务人，成为新债务人；原债务人脱离债的关系，由第三人直接向债权人承担债务。嗣后第三人不履行债的义务，债权人不得再请求原债务人承担债务，只能请求第三人承担债务不履行之损害赔偿责任或者请求人民法院向第三人强制执行，原债务人对第三人的偿还能力并不负担保义务。

本案中，甲企业对丙企业的债务转由乙企业承担，甲企业与丙企业之间的债权债务关系消灭，丙企业是乙企业的债权人，乙企业是丙企业的债务人，乙企业对丙企业负有 50 万元的清偿义务，但该 50 万元的清偿义务是否因乙企业向甲企业受领而消灭，学理上存在两种观点：一种观点认为，债务转移以债权人与债务人之间存在有效债务为前提，如果原债务因履行而消灭，原债务不存在，则原债务人对新债权人也不存在债务，免除原债务人对新债权人的义务；另一种观点认为，债务承担协议生效后，原债权人脱离了债的关系，原债务人对原债权人的履行构成非真正债务的履行，原债务人是新债权人的债务人，其对新债权人负有履行之义务，原债务人不因对原债权人的履行而免除对新债权人的履行义务。从一般相关法理知识及案例评析，债务承担以有效债务为前提是指债务承担协议生效时，原债务人对原债权人负有有效债务，因债务承担协议的生效，原债权人脱离了债的关系，原债务人对原债权人的履行构成非真正债务的履行。其与原债权人之间的关系形成不当得利之债的关系，可依不当得利而请求返还；其对新债权人的债务不因其对原债权人的履行而消灭。

3. 本案涉及债权人申报破产债权的问题

如前所述，甲企业受领了乙企业的履行后，在甲企业和乙企业之间形成不当得利之债。乙企业成为甲企业的债权人。现甲企业因经营不善宣告破产，乙企业作为债权人当然有权申报债权，以维护自己的利益。

（三）处理结果

甲乙之间的债务承担协议有效。乙企业因自己的过错向原债权人甲企业履行债务，构成非真正债务的履行，其与甲企业之间形成不当得利之债的关系，可依不当得利的规定请求予以返还；其与丙企业之间形成真正的债务关系，该债务关系并不因其对甲企业的履行而消灭，其仍负有对丙企业履行50万元债务的义务。甲企业因经营不善宣告破产，乙企业作为债权人当然有权申报债权。

【案例二　债的加入】

（一）案情摘要

2016 年，经甲介绍，乙与甲之岳父承包的丙厂达成协议，乙向丙厂供应特种铝锭 2000 公斤，价款 60 万元，货款通过甲结算后转给乙。至 2017 年 12 月 5 日；丙厂尚欠货款 20 万元。2017 年 12 月 20 日，乙与甲到丙厂结算，丙厂无力支付货款，乙要求丙厂出具欠条，丙厂未出具，甲向乙出具了"今欠乙特种铝锭款 20 万元整"的欠条，并签上自己的名字。2018 年 3 月 25 日，因甲与丙厂都未履行还款义务，乙以甲及丙厂作为共同被告起诉。

（二）相关法理知识及案例评析

本案涉及的法律问题是：乙是否有权请求甲偿还 20 万元债务？为什么？本案涉及并存的债务承担的问题。

并存的债务承担，是指债务人不脱离债的关系，第三人又加入债的关系，与债务人共同承担债务。严格说来，这并非债的主体变更，而是增加债务人的人数，由于第三人的加入，债务人增加，成为多数债务人的债。第三人加入后，与债务人之间成立连带关系，对同一债务负连带责任。债权人可以请求债务人履行义务，也可以径直向第三人请求履行义务。在并存的债务承担中，由于原债务人没有脱离债的关系，对债权人的利益不会发生影响，因而原则上无须债权人的同意，只要债务人或第三人通知债权人即可发生效力。依《合同法》第 84 条规定："债务人将合同的义务全部或者部分转移给第三人的，应当经债权人同意。"合同债务的转移即债务承担是指债务人将合同义务的全部或者部分与受让人达成合意，并经债权人同意发生效力的行为。当然，如果债权人与第三人直接达成债务承担的协议，效力如何，存在不同观点：一种观点认为，债权人与第三人之间不能签订债务承担协议，该协议不具有效力；另一种观点认为，债权人与第三人签订债务承担协议，自该协议成立生效后，第三人即成为新的债务人。从债务承担的实质意义上来看，债务承担的核心在于保护债权人的利益，因此，债权人与第三人签订债务承担协议，只要经过债务人同意，或者经过债务人指示，或者经过债务人追认，或者不损害债务人的抗辩权利益、抵销权利益等相关利益，通知债务人即发生债务承担的效力。

本案中，甲出具欠条，其意思表示如何，可能存在不同解释：一种解释为甲作为丙厂的保证人，承担连带保证责任；一种解释为甲作为丙厂的债务承担人，承担丙厂不能清偿之债务；另一种解释为甲仅为居间人，其与乙所签订的欠条不具有任何意义。综观整个案情，甲出具欠条的行为以认定为并存的债务承担为宜。所谓并存的债务承担是指原债务人不脱离债的关系，受让人与原债务人一起共同对该债务负清偿责任。甲仅出具欠条，并签上自己的名字，无明确表示保证担保的意思，故不宜认定为甲承担保证责任；甲出具欠条，如认为不具有任何法律意义，则与整个案情不符，也不符合民法的诚信原则；甲出具欠条表明甲愿与原债务人一起对乙共同负担该债务之清偿。同时，丙厂作为甲之岳父承包的厂，从身份关系角度也应表明甲愿意与债务人一起承担该债务。

（三）处理结果

甲构成了债的加入，应当与丙厂共同承担对乙的责任。因甲与丙厂都未履行还款义务，乙以甲及丙厂作为共同被告起诉，被告主体适格。

第六章
债的消灭

【知识串讲】

（一）概念

债的消灭又称债的终止，指债的当事人之间债权债务关系客观上不复存在。

（二）债的消灭情形

1. 清偿

债务人依法或依约履行了义务，债权利益实现。是债的消灭的最常见原因。

2. 抵销

抵销是指双方互负同类给付债务，各使其债务与对方的债务在对等额内相互消灭的法律行为，为形成权。当事人以单方意思表示即可发生效力。

（1）法定抵销要件：①必须使双方互负债务、互享债权；②给付种类、品种相同；③双方债务已届清偿期，但有两项例外：在破产时债权人享有破产抵销权，无须届清偿期；主张抵销的一方的债权到清偿期，对方被抵销之债权未到清偿期的也可以主张抵销；④必须是非依债的性质不能抵销，如基于人身损害赔偿而发生的债权，加害人一方不得主张抵销等。

（2）抵销的方法：需要向债权人作抵销的意思表示（但不以被抵销一方的同意为必要），即符合条件的抵销权人主张抵销只要通知对方，在通知到达对方时生效，且该通知不得附条件或附期限。

（3）抵销的效力：双方互负债务消灭，抵销具有溯及力：抵销权发生后支付的利息应依不当得利返还，如互生利息，因抵销的溯及力统归消灭；抵销权发生后的迟延给付责任，归于消灭；抵销权发生后，免除债务人的违约责任。

3. 提存

提存是指债务人在其债务已到履行期，由于债权人的原因而无法向其履行义务，债务人将该标的物交给有关机关予以保存而消灭债权债务的制度。

（1）事由：债权人无正当理由拒绝受领；债权人下落不明；债权人死亡后未确定继承人的；债权人丧失民事行为能力未确定监护人的；其他基于债权人的原因无法履行的情形；

（2）提存的主体、客体。提存人：一般情况下为债务人，但为清偿债务的第三人也可以为提存人。

提存受领人：一般为债权人或代理人。提存机关：是国家设立的接收提存物而为保管的机关，一般为债务清偿地的法院或仲裁机关指定的提存场所——在我国主要是公证机关。提存的标的：为债务人依约应当交付的标的物，并以适于保存为限，如不适于提存或提存费用过高的，债务人依法可以拍卖或变卖标的物，提存所得价款。

（3）效力：①提存之日起，债务人的债务归于消灭；②标的物提存后毁损、灭失的风险由债权人承担，提存期间标的物孳息归债权人所有，提存费用由债权人负担；③债权人可随时领取提存物，但债权人对债务人负有到期债务的，在债权人未履行债务或提供担保之前，提存部门根据债务人的要求应当拒绝其领取提存物；④债权人领取提存物的权利，自提存之日起5年内不行使而消灭，提存物扣除提存费用后归国家所有。

4. 免除

免除是指债权人抛弃债权，从而消灭债的关系的单方行为。

5. 混同

混同是指债权和债务同归一人，致使债的关系消灭的事实。其原则上导致债权消灭，但有两种例外情况：债权作为第三人的权利之标的；票据债权在到期之前转让到债务人手中不消灭。

第一节　债的清偿、免除、抵销

【案例　父与子债务抵消之争】

（一）案情摘要

甲（父）乙（子）二人合伙做生意，经常去北京出差。2016年2月14日，二人在呼和浩特逛超市，正值超市开展情人节降价活动，乙欲为其妻子购买戒指一枚，但却发现忘了带钱包。甲对乙说："我帮你付钱。"并对售货小姐说，这2000元由我替他付账。售货小姐收了2000元后，将戒指交付于乙。2018年3月9日，甲乙之间因故解散合伙。经亲属调解分割合伙财产时，对于甲以前所欠乙的借款1000元，乙当场表示免除其父所欠的这笔债务；后乙又反悔，并多次向其父索要这笔欠款。甲一怒之下将乙打伤。乙为治伤花去医药费2000元。甲乙发生纠纷，请村委会调解。甲提出，2016年2月14日乙在北京买戒指，为乙付账2000元，现在乙受伤支付医药费2000元，两下抵销，我们互不欠账。合伙做生意，我欠他1000元，他已经表示免除。乙说，甲2016年2月14日替我在北京付账，纯属赠与，因合伙终止结算，甲欠我 1000 元，我虽表示免除，但后来我又反悔不同意免除。

（二）相关法理知识及案例评析

本案涉及的法律问题：①乙于商场购买戒指的债务因何种原因而终止？为什么？②甲欠乙的 1000 元借款的债务因何种原因而终止？为什么？③甲主张与乙的医药费债务抵销能否成立？为什么？

1. 本案涉及债的清偿问题

依《合同法》第 91 条规定，合同的权利义务关系因清偿而终止。清偿是指债务人按照合同约定向债权人履行债务，实现债权的行为。清偿主体包括清偿人与清偿受领人。清偿人是清偿债务的人，包括债务人本人以及债务人的代理人，或第三人。第三人为清偿人的，属于第三人代为清偿。

代为清偿一般须具备以下条件：

（1）合同性质适于第三人代为清偿，如果是不作为债务，或者是不具有转让性债务，不适用代为清偿。当事人之间约定禁止代为清偿的，遵从其约定。

（2）第三人的给付行为必须达到债的清偿目的。第三人代为清偿应按照法律规定或当事人的约定。

（3）第三人代为清偿必须具有为债务人清偿的意思。在债务承担的情况下，承担人是为自己的债务清偿，不为第三人代为清偿。本案中，乙与商场之间的买卖合同之债不属于不作为或者不具有转让性的债务。乙应支付的购买戒指的价金可由第三人代为清偿。甲乙虽为父子，但对于乙与商场的买卖合同而言，甲并无法律上的利害关系。甲的付款行为构成无利害关系的第三人的代为清偿行为。商场的清偿目的已经实现，乙与商场之间的买卖合同因清偿而消灭。

2. 本案涉及债的免除问题

依《合同法》第 105 条规定："债权人免除债务人部分或者全部债务的，合同的权利义务部分或者全部终止。"债务免除为债权人的单方行为。债权人向债务人作出免除债务的意思表示即发生免除的效力。同时，债务免除为无因行为、无偿行为、不要式行为，债务免除不论原因如何，只要债权人作出免除的意思表示，即发生免除的效力。债务免除不以债权人取得相应的代价为条件。债务免除的意思表示无特定的形式要求。但债务免除须具备以下条件：

①免除的意思表示应向债务人为之，自该意思表示到达债务人时生效；②债权人须有处分能力，对于法律禁止抛弃的债权，债权人免除的意思表示无效；③债务免除不得损害第三人的利益。本案中，甲乙解散合伙时，对于甲所欠乙的借款 1000元，乙当场表示免除，该免除符合免除的条件，发生免除的法律效力。

3. 本案涉及债的抵销问题

依《合同法》第 99 条规定："当事人互负到期债务，该债务的标的物种类、品质相同的，任何一方可以将自己的债务与对方的债务抵销，但依照法律规定或者按照合同性质不得抵销的除外。当事人主张抵销的，应当通知对方。通知自到达对方时生效。抵销不得附条件或者附期限。"所说抵销是指当事人双方互负债务时，各以其债权充当债务的清偿而使其债务与对方的债务在对等额内相互消灭。在抵销中，主张抵销的债务人的债权称为主动债权，被抵销的债权称为被动债权。抵销分为合意抵销和法定抵销。合意抵销是指以当事人双方的合意所为的抵销，其条件和效力决定于当事人的约定。法定抵销是指在具备法律规定的条件时，以当事人一方的意思表示所为的抵销。

法定抵销应当具备的条件是：①双方当事人互负债务、互享债权；②双方互负债务必须标的物种类、品质相同；双方的债务均届清偿期；③双方的债务均为可抵销的债务。

依债的性质或法律规定或当事人约定不能抵销的债权债务不能抵销。禁止强制执行的债务、因故意侵权行为而发生的债务、约定应向第三人给付的债务、非经清偿不能达到合同目的实现的债务不能抵销。本案中，甲乙之间互负债务，且两项债务的性质、种类相同，都是给付货币的债务，但甲对乙受伤害应负赔偿责任的债务为因侵权行为而发生的债务，是不可抵销的债务。

（三）处理结果

甲乙之间的该1000元债务因免除而消灭，乙事后的反悔行为不具有效力。甲无权主张其对乙所负的侵权赔偿债务与乙对自己的借贷债务相互抵销。

第二节　债的抵销的期限要件

【案例　我们这样抵销可以吗？】

（一）案情摘要

甲公司因向乙公司购买一批设备而应向其支付货款100万元。双方约定履行期限为2016年12月。2016年6月，乙公司因购买甲公司一批产品而应向甲公司支付价款100万元，双方约定履行期限为2017年6月。同时，甲公司欠丙公司货款100万元，履行期限为2017年12月。2017年6月，丙公司因购买甲公司产品应向甲公司支付货款100万元，其付款期限为2018年6月。在2017年1月，甲公司向乙公司主张抵销。在2018年1月，丙公司向甲公司主张抵销。均遭拒绝，为此发生纠纷。

（二）相关法理知识及案例评析

该案涉及的法律问题：①2017 年 1 月，甲公司向乙公司主张债的抵销是否有效？为什么？②2018 年 1 月，丙公司向甲公司主张债的抵销是否有效？为什么？

1. 本案涉及债的抵销问题

依《合同法》第 99 条规定："当事人互负到期债务，该债务的标的物、种类、品质相同的，任何一方可以将自己的债务与对方的债务抵销。但依照法律规定或者按照合同性质不得抵销的除外。当事人主张抵销的，应当通知对方。通知自到达对方时生效。抵销不得附条件或者附期限。"本条是关于法定抵销的法律依据。债的抵销是指当同类债务到期，在对等数额内使各自的债权债务相互消灭的制度。其要件包括必须是自动债权已届清偿期。因债权人通常仅在清偿期届至时，才可以现实地请求清偿。若债权未届清偿期也允许抵销的话，就等于在清偿期前强制债务人清偿，牺牲其期限利益，显属不合理。所以，自动债权已届清偿期才允许抵销。不过，自动债权未定清偿期的，只要债权人给债务人以宽限期，宽限期满即可抵销。虽然《合同法》规定双方债权均应届履行期（第 99 条第 1 款），但因债务人有权抛弃期限利益，在无相反的规定或约定时，债务人可以在清偿期前清偿。所以，受动债权即使未届清偿期，也应允许抵销。应该指出，在破产程序中，破产债权人对其享有的债权，无论是否已届清偿期，无论是否附有期限或解除条件，均可抵销。本案中，乙公司对甲公司的债权于 2017 年 1 月已经到期，但甲公司对乙公司的债权在 2017 年 1 月并未到期，其到期日为 2017 年 6 月。现未到期债权人甲公司主张抵销，不符合法定抵销的要件，其结果是迫使债务人乙公司放弃自 2017 年 1月至 2017 年 6 月间的期限利益而提前履行债务，损害债务人乙公司的利益，故乙公司可拒绝甲公司的抵销请求，该抵销不发生效力。

如上所述，在本案中，债权人甲公司对丙公司的债权和债权人丙公司对甲公司的债权均为可抵销债权。债权人丙公司对甲公司的债权于 2017 年 12 月到期，债权人甲公司对丙公司的债权于 2018 年 6 月到期，在 2018 年 1 月，债权人丙公司向甲公司主张抵销，系自愿放弃自 2018 年 1 月至 2018 年 6 月的期限利益。因债权人有权抛弃期限利益，故应允之而实现抵销。

（三）处理结果

乙公司若拒绝甲公司的抵销请求，该抵销不发生效力。债权人丙公司向甲公司主张抵销，系自愿放弃自 2018 年 1 月至 2018 年 6 月的期限利益，该抵销发生效力。

第三节 债的提存的要件和效力

【案例 提存后的风险由谁承担？】

（一）案情摘要

2016 年 12 月 5 日，张某受刘某胁迫，将一块祖传手镯（价值 1 万元）以 2000 元的价格卖给刘某。刘某当日付给张某 2000 元，并约定于同月 20 日将手镯交给刘某。当月 15 日，刘某下落不明，张某于 20 日将该手镯提请当地公证机关提存，后在公证机关保存期间，该手镯因遇火灾而不知下落。2017 年 7 月 5 日，刘某出现并向提存机关领取提存物时，张某同时向法院提起撤销买卖手镯的诉讼。法院判决撤销该买卖合同。张某请求刘某赔偿该手镯的价金。刘某以自己对手镯灭失无过错为由予以拒绝。

（二）相关法理知识及案例评析

本案涉及的法律问题：①手镯灭失的损失应由谁承担？为什么？②刘某应否赔偿张某手镯灭失的损失？为什么？

1. 本案涉及债的提存的有效要件和效力问题

依《合同法》第99条规定，标的物提存后，毁损、灭失的风险由债权人承担。提存期间，标的物的孳息归债权人所有。提存费用由债权人负担。所说提存是指债务人于债务已届清偿期时，将无法给付的标的物提交给提存机关以消灭合同债务的行为。

提存应当具备的条件是：

（1）主体合格。提存人应为债务人或其代理人或使用人，提存人应具有相应的行为能力，提存机关在我国应为公证机关、公安机关、法院或银行。

（2）提存的合同之债有效且已届履行期。未届履行期，债务人提存属于提前履行，一般构成违约。

（3）提存须有合法的原因。提存的原因通常包括，债权人无正当理由拒绝受领，债权人下落不明，债权人死亡未确定继承人，或丧失民事行为能力未确定监护人等情形。

（4）提存客体适当。提存的标的物应是易于保管的、适宜提存的标的物。

提存的效力是：①在债权人与债务人之间，其债权债务关系因提存而消灭，发生风险转移、所有权转移、费用转移和孳息转移的后果。②在债权人和提存机关之间形成保管关系。提存机关负有妥善保管提存物的义务，债权人负有支付保管费用的义务。

本案中，刘某作为买卖合同中受领出卖物的债权人，在合同履行期内下落不明，作为出卖人的张某在合同履行期届满的情况下向公证机关进行提存，且该手镯是适宜提存的标的物。因此，该提存合法有效。债权人刘某与债务人张某之间的权利义务关系因提存而消灭，标的物因风险灭失的损失应由债权人刘某承担。

依《合同法》第58条规定："合同无效或者被撤销后，因该合同取得的财产，应当予以返还；不能返还或者没有必要返还的，应当折价补偿。有过错的一方应当赔偿对方因此所受到的损失，双方都有过错的，应当各自承担相应的责任。"

本案中，刘某与张某之间的买卖合同是采用胁迫手段签订的合同，属于可撤销的合同。

（二）处理结果

张某在撤销权行使期间内行使撤销权，人民法院依法支持了张某的诉讼请求，该合同被依法撤销。因该手镯已经灭失，而灭失的风险应由债权人刘某承担，故刘某应按照手镯的价款折价赔偿张某的损失。

第四节 债的混同及其效力

【案例 兼并后债的变化】

（一）案情摘要

甲公司欠乙公司款项100万元，以自己的一栋价值200万元的大楼设定抵押，并于5月10日办理了抵押登记。后甲公司又欠丙公司款项100万元，以同一栋大楼设定抵押，于6月10日办理了抵押登记。两项款项的还款期限均为1年。半年后，甲公司因经营不善被乙公司兼并而成为乙公司的一部分。在兼并时，该大楼被重新确定价格为100万元。后因丙公司的债权清偿发生纠纷。

（二）相关法理知识及案例评析

本案涉及的法律问题：①甲公司与乙公司的债权债务关系是否消灭？为什么？②乙公司的抵押权是否消灭？为什么？

1. 本案涉及债的混同问题

混同，是指债权和债务同归一人，致使债的关系消灭的事实。债权债务的混同，由债权或债务的承受而产生，主要指债权债务的概括承受。债权债务的概括承受是发生混同的主要原因。例如企业合并，合并前的两个企业之间有债权债务时，企业合并后，债权债务因同归一个企业而消灭。合同关系及其他债之关系，因混同而绝对地消灭。债权的消灭，也使从权利如利息债权、违约金债权、担保权等归于消灭。依《合同法》第106条规定："债权债务同归于一人的，合同的权利义务终止，但涉及第三人利益的除外。"本案中，甲乙公司之间的债权债务因乙公司兼并了甲公司而归于一人，故为混同消灭。

依《担保法司法解释》第77条规定："同一财产向两个以上债权人抵押的，顺序在先的抵押权与该财产的所有权归属一人时，该财产的所有权人可以其抵押权对抗顺序在后的抵押权。"

（三）处理结果

甲乙公司之间的债权债务因乙公司兼并了甲公司而归于一人，故为混同消灭。乙公司兼并了甲公司，乙公司的财产归属甲公司。但乙公司对甲公司大楼的抵押权并不消灭，而且，该抵押权先于丙公司的抵押权办理登记，为顺序在先的抵押权。甲公司并入乙公司后，乙公司成为该大楼的所有权人，其可以其对该大楼的抵押权对抗丙公司顺序在后的抵押权。

第四编

人身权法

第一章
身体权、健康权

【知识串讲】

（一）人身权的概念：

人身权是民事主体依法享有的，以在人格关系和身份关系上所体现的与其自身不可分离的利益为内容的民事权利。

（二）法律特征

①人身权与人身紧密联系，具有不可分性；②没有直接的财产内容，是一种非财产性权利；③是民事主体不可缺少的权利；④属于绝对权和支配权、专属权；⑤具有法定性。

（三）分类

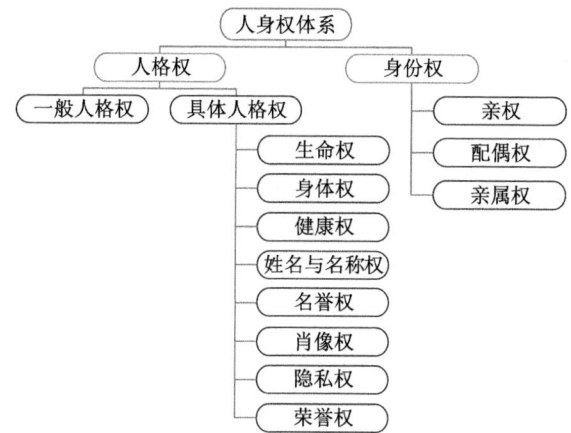

（四）具体人格权

（1）生命权——自然人以其性命维持和安全利益为内容的人格权，是最高的人格利益。

（2）健康权——自然人依法享有的保持自身及其器官以至身体整体的功能安全为内容的人格权。

（3）身体权——指自然人对其肢体、器官和其他组织依法享有完整和支配的人格权，其以保护人的肢体、器官、组织的完整性为目标。

（4）姓名权——自然人依法享有决定、使用、改变自己姓名并排除他人侵害的权利。

（5）名称权——指法人或非法人组织依法享有的决定、使用、改变或转让其名称，并排除他人侵害的权利。

（6）肖像权——自然人对自己的肖像享有再现、使用或许可他人使用的权利。其具体内容包括：自然人对自己的肖像有制作、使用的专有权；自然人有权禁止他人非法侮辱自己的肖像；肖像权人可以通过许可的方式允许他人制作或使用自己的肖像。

（7）名誉权——民事主体就其品德、才干、信誉、商誉、功绩、资历和身份等方面所享有的社会评价，具有较强的客观性。

名誉权的侵权行为：侮辱、诽谤、新闻报道侵害他人名誉权；因撰写、发布批评文章侵害他人名誉权。

（8）荣誉权——民事主体依法享有的荣誉不受非法剥夺或其他形式侵害的权利。

（9）隐私权——自然人享有的对自己的私人生活及其信息进行支配，其私人生活安宁与私人生活信息依法受到保护，不受他人侵扰、知悉、使用、披露、公开的权利。

【案例　一场交通事故侵害的权利】

（一）案情摘要

内蒙古财经学院学生赵某与呼和浩特邮区中心局人身损害赔偿纠纷案：内蒙古财经学院学生赵某在去学校对面银行取钱的路上被呼和浩特邮区中心局的车辆撞上，后入院治疗，发现双眼无感光，因此被定为一级伤残。后因入院发生了住院费、陪护费、住院伙食补助费、营养费，又发生了伤残，故赵某将呼和浩特邮区中心局提起诉讼，要求赔偿上述费用68万余元。

（二）相关法理知识及案例评析

呼和浩特邮区中心局的侵权行为侵犯了原告赵某的人身权，导致其身体受到侵害，故根据我国《民法总则》及《最高人民法院关于审理人身损害赔偿的若干问题解释》，被告应当赔偿因其侵权行为给原告造成的人身权损失，具体项目为：住院费、陪护费、住院伙食补助费、营养费、伤残赔偿金及精神损失赔偿金、后续治疗费等。

（三）处理结果

此案的诉讼经过了呼和浩特市新城区人民法院一审、呼和浩特市中级人民法院二审，后续因原告发生了继续治疗的费用，又经过了一审和二审，法院均支持了原告的主张。

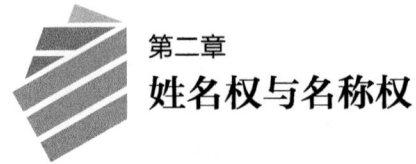

第二章
姓名权与名称权

【案例　冒用他人姓名是否侵犯了姓名权】

（一）案情摘要

某医院药剂科药剂师张三与该科副主任李四工作上发生矛盾，张三蓄意报复。2016年1月30日，张三冒充患儿王五的家长，书写指责医院药剂科副主任李四错发药品致患儿王五服药后产生不良反应的匿名信。信交其夫张三夫抄写后投寄该市卫生局。卫生局将此信转交医院查处。医院经检查处方，认定患儿服用的药品确系李四所发。据此，医院发函通报，对药剂科做了不点名的批评。李四迫于压力写了检查，精神受到损害，并影响了其技术职称晋升。

嗣后，李四的丈夫李四夫多方查寻，找到患儿王五家长。李四夫代表李四向其赔礼道歉时，方知患儿王五服药从来没有不良反应，其家长也没有向市卫生局写过信。李四夫将此情况向医院反映后，医院进一步查明匿名信是张三夫妇所为。事实澄清后，医院撤销了原通报，并在全院大会上向李四赔礼道歉，点名批评了张三的错误。李四对张三的错误不予谅解，起诉法院要求追究张三侵犯他名誉权的民事责任，受诉法院将张三丈夫张三夫追加为共同被告。

（二）相关法理知识及案例评析

张三、张三夫的行为是否同时侵害了王五父母的姓名权？

对本案，法院讨论中一致认为，张三、张三夫盗用患儿家长名义，捏造事实，诬陷李四，给李四造成了精神损害，其行为构成侵害自然人名誉权，应当承担民事责任。但是否同时还侵害了患儿家长的姓名权则有不同认识。

一种意见认为，侵害他人姓名权是指干涉、盗用、假冒他人姓名的行为，本案张三、张三夫所写的匿名信上，没有使用王五父母姓名，因此，不构成侵害王五父母姓名权的行为。

另一种意见认为，张三、张三夫所写的匿名信是以患儿王五家长的名义所写，无论匿名与否都改变不了盗用、假冒王五父母名义的实质，因此，构成对王五父母姓名权的侵害，应追加王五父母为原告，由张三、张三夫同时承担侵害王五父母姓名权的民事责任。

本案被告张三、张三夫，虽然没有冒用王五父母的姓名去破坏他人名誉，但却是以冒用王五父母的名义去侵害他人名誉权的。而在父母子女之间，是有着特定的人身关系的。王五的父母，与王五父母的姓名，是密切联系不可分的。盗用、假冒王五父母的名义与直接盗用、假冒王五父母的姓名，实质是一回事。因此，本案两被告假冒患儿王五父母的名义，捏造事实，诬陷李四的行为，他们主观上虽没有侵犯王五父母姓名权的故意，但却有假冒他们名义的故意，并实施了假冒他们名义的行为，这就构成了对王五父母姓名权的侵害。

因此，在本案中，两被告的行为，既侵害了李四的名誉权，也侵害了王五父母的姓名权。但这两个侵权行为，虽发生于同一法律事实中，可是，这两个侵权行为的主体不同，一个发生于张三、张三夫与李四之间，另一个发生于张三、张三夫与王五的父母之间；另外，这两个侵权行为的客体也不同，一个侵害的是名誉权，另一个侵犯的是姓名权。

（三）处理结果

张三、张三夫盗用患儿家长名义，捏造事实，诬陷李四，给李四造成了精神损害，其行为构成侵害自然人名誉权，应当承担民事责任。如果王五父母向法院起诉，要求保护其姓名权时，则应另案处理，否则，法院无须在本案中就被告侵犯王五父母姓名权一事作出处理。

【案例　侵犯的是名誉权还是名称权?】

（一）案情摘要

2014 年 7 月 25 日，被告星空表带厂派供销员张三到老城区联系设点，推销该厂所生产的手表。张三曾到个体户李四开设的时尚配饰商店看了一下，称赞说："这个地方不错，可以设个点，推销手表。"但是，对于是代销还是租借柜台经销、费用如何给付、什么时间销售等问题，均未与店主李四商定，更未签订任何合同。可是张三为了应付厂领导对其工作情况的检查，谎称已落实好供销点，并擅自将印好的 600 张手表优惠供应券（按原价七折优惠）于 8 月 3 日发放到老城区各机关、企事业单位。供应券上注明 8 月 5 日到 8 月 8 日在时尚配饰商店供应手表。8 月 4 日，就有一些顾客相继至公平店询问，并要求能先让他们看看样品。李四觉得事出突然，一面向顾客解释本店并无星空厂的手表供应，一面打电话向星空表带厂询问，星空厂的法定代表人表示，第二天定派张三至回民区处理此事。第二天，岂料张三因领货手续并未办好，怕到老城区遭到买不到表的顾客指责，竟在其他地方转了一圈，回去向总经理谎称已处理好，躲着不去城关镇。而在原告店里，每天有一、二百名顾客，手持手表优惠券，要求购买手表。还有不少顾客，冒着夏日骄阳，从几十里以至百里外的地区赶来选购。顾客一见无货供应，十分恼怒，纷纷责骂原告商店是骗子商店，要求原告赔偿他们被耽搁的时间和车费。致使原告店中3名从业人员全都忙于应付此事，4天来不仅无法正常营业，同时还遗失了部分商品。为此，原告起诉到人民法院，要求被告为其恢复名誉并赔偿损失。

（二）相关法理知识及案例评析

立案受理后，受诉法院对本案的性质产生分歧。一种意见认为，被告损害了原告的名誉，应定侵害名誉权案由；另一种意见认为，被告盗用了原告商店名称，应定侵害名称权案由。

法人的名誉权，是指法人对社会上关于其生产经营、产品质量及其工作人员作风、效率等方面的评价不受侵害的权利；侵害法人名誉权的方式，一般是扩大或捏造某些事实，对法人的名誉进行侮辱、诽谤。如无中生有地胡说某法人进行非法经营活动、产品质量低劣、经营作风极差等，其行为直指法人的名誉。而名称权则是指法人依法享有决定、使用、改变自己的名称，并排除他人干涉、盗用、假冒其名称的权利。一般说，凡是盗用、假冒他人名称去干坏事的行为，往往会给受害人的名誉带来损害。但不能因给受害人名誉带来了损害后果，就认定是侵犯了受害人的名誉权，而应看行为人行为的直接客体是什么，是名誉，还是名称。

（三）处理结果

本案被告并没有任何直接损害原告名誉的行为，它只是在未征得时尚配饰商店同意的情况下，擅自向顾客宣布手表将在公平店出售，其行为只是盗用了时尚配饰商店的名称。虽然其行为结果影响到公平店的声誉，但这只是侵害公平店名称权所带来的结果之一，其直接侵犯的客体，是公平店的名称权。因此，本案案由应为侵害名称权，而不是侵害名誉权。

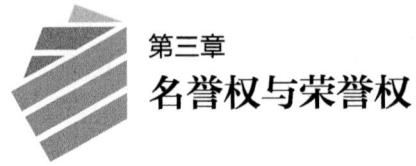

第三章
名誉权与荣誉权

【案例　我没死，我的名誉受到了侵犯】

（一）案情摘要

原告张三，男。被告李四，女。两人是某县同乡，是同到某市推销眼镜的个体户。两人在摆摊营业中，为摊位发生争执，相互辱骂，经工商所调解解决。李四自认为受辱太甚，蓄意报复。因此，在盗取了张三的手机和身份证后，以同乡人的名义向张三的父亲发信息，假称：张三已故，火速来某市，后关机，并将张三身份证扔到了垃圾桶。张三的父亲收到短信后，在联系不上张三的情况下，相信了短信内容，全家悲痛，积极安排后事；张三的两个弟弟赶到某市后，见张三无恙，始知受骗，虚惊一场。经了解是李四所为，张三遂起诉法院，要求李四赔偿精神损害和经济损失。

（二）相关法理知识及案例评析

李四的行为侵犯了张三哪一种人身权？法院审理后，对李四行为究竟侵犯了张三的哪一种人身权利，有不同意见：

第一种意见认为，根据《民法总则》第 101 条规定的精神，李四捏造张三已死亡的事实，以发电报方式，欺骗、愚弄张三的父母兄弟，既侮辱、诽谤了张三的人格尊严，又造成了张三一家的精神损害，并使其蒙受了经济损失。李四应承担侵犯张三名誉权的民事责任。

第二种意见认为，李四除侵犯了张三的名誉权外，还盗用张三的名义，宣称张三已死，故同时侵犯了张三的姓名权。

第三种意见认为，名誉是指一定范围内社会成员对某个自然人的思想品德、生活作风和才能、信用等所作的社会评价；人的生死存亡不是社会评价；李四捏造张三死亡的事实，给张三的父母兄弟造成很大的精神损害，实际是侵犯了张三父母兄弟的健康权，而不是侵犯了张三的名誉权，应更换张三的父母兄弟为原告。

第四种意见认为，本案是一种特殊的侵犯人身权行为，对此，民法总则没有具体规定，应参照民法保护自然人人身权的规定精神，由李四承担侵犯张三人身权的民事责任。

人身权是指与人身相联系并以其人格和身份为内容的民事权利。人身权可分为人格权和身份权。人格权是自然人或法人维护自己的生存和尊严的权利，包括自然人的生命健康权、姓名权、肖像权、名誉权和法人的名称权等。人格权的取得是与自然人出生或法人成立同时发生的，是每一个权利主体都享有的权利。人格权不能让与或者抛弃，只能随着自然人的死亡和法人的消灭而终止。身份权依一定身份和法律规定基于某种行为所发生的与民事主体身份有关的权利，包括自然人的荣誉权、亲权、监护权、知识产权中的身份权和法人的荣誉权、知识产权中的身份权。身份权只有特定的自然人或法人才能享有，是指在一定条件下，即发生某种法律事实时，民事主体才有资格享有某种身份权，而且每一民事主体享有的身份权也不是同一的。

本案被告捏造张三死亡的事实，对其亲属进行欺骗、愚弄。

这种行为对张三来说，是把他当作死人，是对他进行莫大的侮辱、诽谤，损害了他的人格尊严。因此，被告的行为侵害了原告张三的名誉权。被这种不法行为愚弄的原告亲属所受到的精神损害和财产损失，则是被告侵害原告名誉权所产生的直接后果。这与直接以暴力侵害人身，使自然人的身体造成伤害的侵害生命健康权是不同的，故不构成对其亲属身体健康权的侵犯。被告是以同乡人的名义捏造事实侵害他人名誉权的，他没有假冒他人的姓名，不构成侵犯他人的姓名权。

（三）处理结果

被告的行为侵害了原告张三的名誉权，被告李四对其侵权行为应当承担民事责任。

【案例 他的行为侵犯了我的荣誉权了吗？】

（一）案情摘要

原告张三经某工商局批准发给个体工商户营业执照。执照注明：经营中草药，生产经营方式是自产自销，张三在镇工商所指定的地点摆摊营业，销售中草药，同时销售自制的中成药及在国营药店购买的西药。在销售药物时，张三一般经详细询问购药者购买该药物用途和患者症状后，始卖给对症的药物并告知使用方法及注意事项，因而一些病人服药效果较好。病人先后向其赠送了"医术精湛""扁鹊在世"等三面锦旗，张三将锦旗悬挂在其药摊上。2014年5月5日上午，被告镇工商所负责人李四会同卫生所工作人员等数人，检查张三的营业执照后，认为：从锦旗说明张三不是单纯销售中草药，而是同时非法行医，且其经营超出营业执照批准的只能销售中草药的范围，宣布予以取缔。争执中，李四不仅大肆指责张三非法行医骗人，而且将悬挂的三面锦旗扯下当众烧毁。张三遂以李四侵犯其荣誉权向法院起诉。审理中查明张三出售的药物中无假、劣及有毒药物，也无私自提高药价的情况，锦旗确系治愈患者所赠。

（二）相关法理知识及案例评析

李四的行为是否侵犯了张三的荣誉权或名誉权，应否承担民事责任？本案李四是否构成侵犯张三荣誉权，法院在讨论中有两种不同的意见。

第一种处理意见：本案不构成侵犯荣誉权，且张三确有超越批准范围销售西药的情况，应判决驳回诉讼请求。

第二种处理意见：李四的行为，已构成对张三荣誉权的侵犯，应由李四承担民事责任。

荣誉权，一般是指自然人、法人，因对国家社会作出特殊的贡献，因此，国家或者有关单位授予其荣誉称号，以表彰其业绩，如获得"战斗英雄""劳动模范""先进工作者""三八红旗手""优秀厂长"等荣誉称号的自然人、法人，对其获得的荣誉权，受国家法律保护，禁止非法剥夺。

本案原告张三，经县工商局批准经营中草药，但未批准其行医。张三在出售中草药过程中，对购药者对症售药，并告知使用方法和注意事项，是对购药者负责任的表现，应当受到赞扬。购药者因服药有效，给予好评和赠予锦旗也是可以理解的，但这不属于荣誉权范围。因为，从张三的行为来看，他售药货真价实，服务态度良好，以及高度为患者着想的表现，固然应受称赞。但购药者赠予张三锦旗的内容，却是"扁鹊在世""医术精湛"和"接骨如神"，这种评价与张三的职业和实际事实不符。虽然不能责怪赠送锦旗的人，但张三在卖药摊上悬挂这些锦旗则容易使人误解为张三有行医资格，而且医术高超，这就存在名实不符的问题。而且这种个人赠送的锦旗，也不同于国家或者有关单位授予的荣誉称号。所以，工商所李四等人在执行职务过程中，有权向张三指出不应悬挂这类与其经营业务不相符的锦旗，也有责任查明张三是否有非法行医的事实。但李四简单、粗暴地撕毁锦旗的做法，是不恰当的，不过，其行为的主要方面，还是符合职务工作的范围和性质要求的。虽有缺点，还不构成对张三荣誉权的侵害。

（三）处理结果

张三以李四侵犯其荣誉权向法院提起的诉讼请求被驳回。

第四章
肖像权

【案例 谁应该为我的肖像权买单?】

(一) 案情摘要

2013 年 7 月, A 市艺术摄影社摄影师张三, 受可可公司委托, 为该厂生产的大可嘉宾物色广告摄影对象, 并签订了承揽合同。张三便找到同学李四, 表示愿为她免费拍几张照片。李四依约来到摄影社, 由张三为她拍摄了她喝大可嘉宾样子的反转片 10 张, 并告知此反转片将用作广告。李四提出:"给我多少好处?"张回答:"免费几瓶大可嘉宾总是有的。"事隔 7、8 个月, 张再未向李四谈及给何报酬之事, 李四也未好意思问及。2014 年 4 月, 李四在一些商店中, 看到带有自己肖像的广告招贴画, 张贴在墙上。经过了解, 才得知所拍的反转片中, 已有一张被可可公司选定, 由印刷厂印制成大可嘉宾的广告贴画, 并在外地一些城镇商店中张贴。为此, 李四十分生气, 遂以张三及可可公司未经她同意, 擅自印制、散发、张贴带有其肖像的广告招贴画, 侵害其肖像权为由, 诉至人民法院, 要求两被告停止侵害, 赔偿损失。被告张三辩称: 拍摄反转片是得到原告同意的, 而且也告诉了原告此片将用作广告, 没有侵害原告肖像权。至于报酬问题, 是自己疏忽, 未及时与原告商定, 同

251

意从自己所得 400 元报酬中分 100 元给原告。被告可可公司认为，自己委托张三承揽广告片，并选择拍摄广告对象，拍摄对象同意与否与自己无关，声称他厂与李四无任何关系，更谈不上侵权。

（二）相关法理知识及案例评析

受诉法院对此案是否构成侵犯肖像权，应定什么案由，有两种不同看法：

第一种意见认为，李四明知所拍反转片将用作广告，而未提出异议，仅是在报酬上双方未能达成协议，此案的实质是追索报酬，而不是追究侵害肖像权。因此，案由应为追索报酬。

第二种意见认为，李四明知摄像用作广告，也明知对方以营利为目的，她才提出要对方给付报酬，这是附条件的承诺。后来张三及饮料厂、印刷厂在进行选样、印刷、散发时，均未通知李四，也未给李四以任何报酬，可根据《民法总则》第158条"民事法律行为可以附条件，但是按照其性质不得附条件的除外。附生效条件的民事法律行为，自条件成就时生效。附解除条件的民事法律行为，自条件成就时失效"的规定，宣布原约定无效，作为侵犯肖像权处理。该案最后案由定位"肖像权纠纷"，由二被告给付原告一定经济补偿，由饮料厂继续使用该广告招贴画，但不再印刷。

第一，关于案由问题。民事案由的确定，应以是否反映当事人所请求解决的民事法律关系为准。本案原告李四是以被告没有与其商量，擅自印刷带有其肖像的广告招贴画为由而提起诉讼的。很显然，原告诉请解决的民事法律关系，是二被告是否侵害其肖像权。因此，不论被告是否构成侵害原告肖像权，其案由似以定为"侵害肖像权"为妥。这如同离婚等纠纷一样，无论审理结果是否准予离婚，其案由只能是离婚。如果原告所诉请的只是要求被告给付一定的报酬，那么原、被告间的民事诉讼的内容，是应不应给付报酬的争执，案由就可定为给付报酬。

第二，关于李四与张三以及饮料厂之间的民事行为，能否称作附条件的法律行为，也值得探讨。附条件的法律行为中的"条件"与通常所讲的条件不同。前者所讲的"条件"，是指行为人在实施民事法律行为时，以不确定、将来可能发生的客观事实为条件，来决定法律行为的效力，凡是已经发生的、必然不能发生的或一定能够发生的事实，都不能作为附条件民事法律行为的"条件"。本案原告李四若在拍摄照片时，提出给付报酬的要求，这种要求，并不属于不确定的事实。只要对方允诺，就必须承担给付义务。李四也未将是否给付报酬作为是否让被告使用其肖像的前提条件，而是在建立以营利为目的的使用原告肖像这一法律行为时，作为双方谈判的具体内容。尽管本案李四与被告张三未谈明给付多少报酬，但一个要求给付报酬，一个允诺给付，实际上已经达成一定协议。可见本案的"给付报酬"，只是使用原告肖像这一法律行为的具体内容之一。不能将附条件的法律行为与法律行为的条件以及订立合同的条件混同起来。

（三）处理结果

张三侵害了李四的肖像权，应当承担侵权责任。张三与可可公司属于承揽合同关系，张三在完成承揽合同过程中独立完成承揽作品，故可可公司不承担侵权责任。

第五章
隐私权

【案例 讨厌的租户】

（一）案情摘要

甲租用新婚夫妇乙丙的一间空闲房间居住，甲出于好奇及无聊，在墙上凿一小孔，用摄像机摄下乙丙夫妇二人的亲昵行为。甲的行为被发现后，妻子丙精神受到极大的打击，从此对夫妻生活失去了兴趣。丈夫乙气愤至极，将甲告上法庭，诉请精神损害赔偿10万元。

（二）相关法理知识及案例评析

本案中，甲侵犯了乙丙夫妇的什么权利，法院应该如何处理？

本案中，甲侵犯了乙丙夫妇的隐私权。甲租用乙丙的房屋，通过在墙壁上凿孔的方式窥探并摄录了乙丙二人的私人生活，甲的这种过错行为，对乙丙造成很大的损害，是一种侵犯乙丙隐私权的行为。

法院应当支持乙的诉讼请求。我国虽然没有明文规定隐私权为一种具体的人格权，但是对隐私权，法律还是给予保护的，比照名誉权的保护方式来对侵犯隐私权的行为进行规制。隐私权受到侵害的自然人可以要求加害者停止侵害、恢复名誉、消除影响、赔礼道歉、赔偿损失，其中包括精神损害赔偿。所以乙要求甲赔偿精神损失，法院应该予以支持。至于赔偿的具体数额，法官可以根据实际情况进行自由裁量。

（三）处理结果

应认定甲侵犯了乙丙夫妇的隐私权，并承担损害赔偿责任。

第五编

民事责任

第一章
缔约过失责任与违约责任

第一节　缔约过失责任

【知识串讲】

《合同法》第 42 条规定："当事人在订立合同过程中有下列情形之一，给对方造成损失的，应当承担损害赔偿责任：（一）假借订立合同，恶意进行磋商；（二）故意隐瞒与订立合同有关的重要事实或者提供虚假情况；（三）有其他违背诚实信用原则的行为。"这条规定的要旨是合同的缔约过失。

所谓的缔约过失责任，是指在合同订立过程中，一方当事人因违背其依据诚实信用原则所应负有的义务，而使另一方当事人信赖的利益遭受损失，而应当承担民事责任的情况。认定构成缔约过失责任必须具备五个条件。

第一个条件，缔约过失责任必须发生在合同的订立过程中。这正是缔约过失责任与违约责任的根本区别。缔约过失责任发生在合同的订立过程中，或者在合同已经成立但因为不符合法定的合同的生效要件而被确认为无效或撤销的情况下。如果合同已经成立并生效后，合同的缔结过程就已经完成，因一方当事人的过失致使另一方当事人受到损害的，只能构成合同的违约责任，而不能适用缔约过失责任的规定。当然，合同的成立与合同的生效是两个不同的概念。合同的成立是指合同订立过程的完结，当事人双方意思表示在时空上达到了吻合；合同的生效，是指合同经当事人双方达成一致的意思表示，因为符合合同的形式要件和实质要件，并不违背法律的规定，从而对当事人双方产生约束力。合同的成立与合同的生效有的可以是在同一时间，有的不在同一时间，但无论怎样，两者所表达的内容是不一样的。

第二个条件，缔约过失责任不但是发生在合同的订立过程中，而且必须以责任方与受害方双方存在订立合同的关系为前提。也就是说，当事人一方订立合同已经实施了某些具有法律意义的行为，并因这些行为使对方产生了合理的信赖，如当事人一方向特定的人发出要约，使之产生当事人欲与其订立合同的认识，并依据这种认识而产生对对方的订立合同的信赖。如果当事人一方虽然作出了与订立合同有关的行为，但该行为不足以使对方产生合理的信赖，则不能认为双方存在缔约关系，如果在此情况下因一方的过失而使他方遭受损害的，不能构成缔约上的过失责任。

第三个条件，必须有缔约过失行为。造成缔约过失责任的行为主要有：一是假借订立合同的名义，以损害对方利益为目的，恶意磋商的行为。所谓恶意即是指一方当事人在无意与对方达成协议的情况下，为了达到损害对方利益的目的，假借订立合同的名义，开始或继续进行谈判的情况。这属于一类比较严重的缔约过失行为，因为这种行为主要是由行为人的故意造成的，其目的在于损害对方的利益，拖延时间造成对方在市场竞争中的不利地位。二是其他违背合同的诚实信用原则的行为。

即：一方当事人有意或由于疏忽使对方当事人对所谈合同的性质或条款产生误解；歪曲事实使对方违背自己的真实意愿作出的行为。三是通过隐瞒反映当事人或合同本意的应予揭露的事实，以取得在合同规定的权利义务上的优势等行为。

第四个条件，当事人主观上必须有过错。过错是当事人在实施行为时的主观意志的状态，它标志着当事人在实施行为时对社会和他人利益的漠视，对义务和公共行为准则的漠视，正是由于这种主观上的漠视，才决定了行为的应受谴责性。缔约过失责任的构成也不能缺少当事人主观上的条件，当事人必须具有缔约过错，即对方当事人所遭受的损失是由于当事人的故意或过失造成的。如果当事人在主观上没有过错，完全是由于意外、不可抗力或其他原因导致对方当事人的损失，则即使在客观上给对方造成了损害，也不能构成缔约过失责任，而应当按照其他法律规定处理。

第五个条件，必须给对方当事人造成了损失。缔约过失责任的承担以给对方造成了实际的损失为限。如果当事人虽然具有缔约过失，但并没有实际给对方造成损失，则不发生对因缔约过失而承担损害赔偿的责任。因为缔约过失的行为发生在缔约过程中，双方仅仅是就合同的订立在进行交涉，尚没有实际的履行合同的行为；只要发生了缔约过失行为，尚未订立的合同就没有继续协商的必要，已经订立的合同则因之而无效或者可撤销，所以只要缔约过失行为没有给对方带来实际的损失，就不须追究因缔约过失而应当承担的损害赔偿责任。缔约过失请求赔偿的范围应为信赖利益的损失。信赖利益的损失，是指一方因信赖合同的成立和有效而期望的，但由于合同的不成立或无效而使其蒙受的利益损失。信赖利益的损失即包括因他方的缔约过失行为而致其遭受的直接财产利益的损失，如各种费用的支出，应增加而未增加的财产利益，因信赖合同成立或有效而丧失的应得机会等。这种信赖利益必须是在可以预见的范围内，基于合理的信赖而产生的受到法律保护的合理的利益。

【案例　漫天要价的结果】

（一）案情摘要

王某是一个工人，但一直想做服装生意并与多家经销商联系但均未成功。某日他看到一个专门经营运动服销售的 A 公司寻找连锁店经营人，于是就根据该广告所注明的地址前去实地考察，经过考察后王某认为该公司的运动服兼具时装和运动性质，很适合正悄然兴起的运动风，并且对开店资本、环境等方面都很满意。只是自己手头钱不是太充裕，于是与 A 公司负责人商量，希望能够由 A 公司先发两批货，到第三批时再交前两批的服装费。A 公司负责人为了吸引王某加入，遂满口答应，并许诺只要王某选好了店址，并经过调查符合公司的要求，就可以签合同进行装修了。王某负责装修费用，A 公司可以提供技术和人力上的支持，按该专卖店的统一规格给王某的店装修。王某于是请了一个月的假，四处奔波，终于寻找到了合适的店址，A 公司派人调查后表示店址没有问题，但是却提出该品牌走俏，想要开连锁店的人很多，提出来服装费不能够拖，并要求王某再加 30 000 元经营费。王某认为这违反了他们当初的约定，因此难以接受，要求 A 公司赔偿损失。A 公司辩称：现在是市场经济了，经营主体有充分的经营自主权，双方为了合作而进行协商很常见，只要没有正式签合同，就无须负责。

（二）相关法理知识及案例评析

①本案涉及以下两点问题：王某和 A 公司之间是什么样的关系？A 公司的说法是否正确？②假如王某要求赔偿损失，那

么下列哪些费用应当由 A 公司负责赔偿：100 元的实地考察费用；3000 元的寻找店址的费用；一个月的误工费；因此丧失其他机会所造成的损失？

　　本案例主要涉及的是缔约过失责任的问题。缔约过失责任，是指在合同订立的过程中，一方因为违反诚实信用原则所生的义务，给对方造成损失所应承担的损害赔偿责任。缔约过失责任产生在合同订立过程中，如果合同已经订立，那么违反合同的行为将产生违约责任。本案中，王某和 A 公司就是在缔约过程中，两者之间并没有合同关系，但是却存在着缔约关系。

　　根据民法理论，一旦进入缔约阶段，那么双方当事人之间就具有某种订约上的联系，为了缔约合同，一方所实施的足以使对方产生信赖的行为，将对其产生约束，双方已经由原来普通的关系进入到特殊的联系阶段。双方当事人都应当按照诚信原则的要求，讲诚实、守信用，以善意的方式行使权利并履行义务。根据诚实信用原则的要求，双方当事人在订立合同时应当同时负有一定的附随义务，即先契约义务。具体包括：①无正当理由不得撤销要约的义务；②使用方法的告知义务；③合同订立前重要事情的告知义务；④协作和照顾的义务；⑤忠实义务；⑥保密义务；⑦不得滥用谈判自由的义务。如果双方的谈判已经进入一定的阶段，一方的行为足以使另一方当事人合法地相信其会与之订立合同，并因此支付了一定费用，那么中断谈判就是有错的。

　　本案中，王某与 A 公司的谈判以及 A 公司负责人的承诺，就足以使王某产生合理的信赖，假如 A 公司意图提高费用等，也应当及时通知王某，而不是等到王某已经花费资金找到店址，需按承诺签合同时才告知。况且 A 公司派人调查了店址并表示同意，表明王某的履行并没有不当。因此，A 公司仅以经营自主为由拒绝签合同并且不予赔偿的行为，是不负责任的，也没有理由。

本案还涉及缔约过失责任的赔偿范围。根据民法理论，信赖利益应当为缔约过失责任赔偿的基本范围，信赖利益的损失限于直接损失，直接损失就是指因为信赖合同的成立和生效所支出的各种费用。具体包括：第一，因信赖对方要约邀请和有效的要约而与对方联系、赴实地考察检查标的物以及为此支出的费用。第二，因信赖对方将要缔约，为缔约做各种准备工作并为此支付的各种合理费用。第三，为谈判所支出的劳务，以及为支出上述费用所失去的利息。但是，各种费用的支出必须是合理的，不能是受害人任意支出的。本案中，3000 元的寻找店址的费用以及王某为了寻找店址而专门请了一个月假的误工费用，显然都是为缔约做各种准备工作所支出的合理费用，因此应当得到赔偿。至于其 100 元的实地考察费用，看似符合上述第 1 条，但该费用因为发生在 A 公司承诺之前，况且是王某想要寻找机会所必须支出的，与 A 公司的行为没有直接关系，因此不应当得到赔偿。王某因与 A 公司谈判而丧失的其他机会所造成的损失，属于间接损失。间接损失是指如果缔约一方能够获得各种机会，而在因另一方的过错导致合同不能成立的情况下，使这些机会丧失。这些损失不包含在信赖利益的范围内，因为机会本身就是很难确定的，存在很大的偶然性，在举证上也存在困难。这种损失无须赔偿。

（三）处理结果

被告违反了诚实信用原则，造成合同无法成立，因此应当承担缔约过失责任，赔偿王某因此支出的 3000 元寻找店址费用及误工费。

第二节　违约责任

【知识串讲】

违约责任是当事人因违反合同义务而应承担的责任。

违约责任的特点包括：相对性、补偿性、强制性和任意性。

违约责任的构成要件：违约行为、损害后果、因果关系及归责原则的无过错或过错。

违约责任的归责原则包括：

1. 无过错原则（在合同法总则中予以规定）

即只要一方能够举证证明另一方构成违约，另一方即应负违约责任，不以违约方的主观过错作为承担违约责任的依据。如我国《合同法》第107条规定："当事人一方不履行合同义务或者履行合同义务不符合约定的，应当承担继续履行、采取补救措施或者赔偿损失等违约责任。"

2. 过错责任原则（在合同法分则中予以规定）

债务人对其违约行为，仅在有过错的情况下才承担违约责任。如《合同法》第189条规定："因赠与人故意或者重大过失致使赠与的财产毁损、灭失的，赠与人应当承担损害赔偿责任。"（适用于无偿合同）第303条规定："在运输过程中旅客自带物品毁损、灭失，承运人有过错的，应当承担损害赔偿责任。"第265条规定："承揽人应妥善保管定作人提供的材料及完成的工作成果，因保管不善造成损毁灭失，应当承担赔偿责任。"

【案例　延期交房的违约责任】

（一）案情摘要

内蒙古某房地产开发公司开发了某御园小区，张三经多次看房后，选定 2 号楼 1 单元 302 号房屋，并与该房地产开发公司签订了《商品房买卖合同》。该商品房买卖合同约定，房地产开发公司应当于 2013 年 12 月 30 日前将具备交付条件的房屋交付给张三。但该房地产开发公司未能如期交房。2014 年 12 月，该房地产公司才将该商品房交付给张三，张三要求该房地产公司按照合同约定，承担延期交付房屋的违约金。该房地产公司不愿意承担违约金，经过协商未果，张三将该房地产公司诉至人民法院。

（二）相关法理知识及案例评析

本案中双方签订的《商品房买卖合同》系双方的真实意思表示，且该合同不违反法律、法规的强制性规定，双方均应当按照合同约定履行各自的权利义务，如果任何一方违反了约定，均应当承担合同约定或法定的违约责任。

（三）处理结果

法院最后判决：房地产开发公司应当按照合同约定向张三支付违约金。

第二章

侵权责任

【知识串讲】

侵权责任是指民事主体因实施侵权行为而应承担的民事法律后果。侵权责任是任何人都对他人承担这样一种义务，即不因为自己的错误（过错）行为而侵害他人的合法权益，否则即能构成侵权行为，要对受害方承担责任。侵权行为基本上都是违法行为。侵权责任包括一般侵权责任和特殊侵权责任。

（一）一般侵权责任构成一般包括四个要件

一是违法行为。违法行为是指自然人或者法人违反法定义务、违反法律禁止性规定而实施的作为或者不作为。侵害人身权的违法行为是指自然人或者法人违反法定义务，违反法律禁止性规定而实施的，以自然人人身权为侵害客体的作为或者不作为。

二是损害事实。损害事实是指一定的行为致使权利主体财产权、人身权受到侵犯，并造成财产利益和非财产利益的减少或者灭失的客观事实。这是构成这一民事责任的首要条件，只有当行为人的违法行为造成损害事实，行为人才承担民事责任。这里的损害，从广义上讲，包括财产上的损害和人身上的损害，即造成受害人在财产上或者人身上的不利益。

三是因果关系。作为构成侵害自然人生命权、健康权的民事责任要件的因果关系，就是指违法行为与损害事实之间存在的前因后果的联系，只有违法行为与损害事实之间存在这种因果关系，说明损害是由违法行为所引起的，行为人才承担民事责任。确定因果关系就是要从客观现象中去寻找揭示他们之间存在的，不依照我们的意志为转移的必然联系。

四是主观过错。主观过错是构成侵害自然人生命权、健康权的民事责任的主观要件。违法行为人只有在实施违法行为时主观存在过错才承担民事责任。过错就是违法行为人对自己的行为及其后果的一种心理状态，分为故意和过失两种状态。

（二）特殊侵权民事责任

特殊侵权民事责任是指当事人基于自己有关的行为、物件、事件或者其他特别原因致人损害，依照民法上的特别责任条款或者民事特别法的规定对他人的人身、财产损失所应当承担的民事责任。特殊侵权民事责任，在《侵权责任法》中作出了特别的规定，包括：无行为能力和限制行为能力人造成损害的民事责任、产品责任、机动车交通事故责任、医疗损害责任、环境污染责任、高度危险责任、饲养动物损害责任、物件损害责任。

（三）一般侵权民事责任与特殊侵权民事责任的区别

（1）构成要件不同。特殊侵权行为不要求行为人对其造成的损害后果具有过错，而一般侵权行为以行为人有过错为成立要件。

（2）抗辩理由不同。一些在一般侵权行为中适用的抗辩理由，如正当防卫、紧急避险等，不能成为特殊侵权的抗辩理由。

（3）承担责任的方式不同。特殊侵权民事责任的承担方式主要为赔偿损失；而一般侵权民事责任的承担方式除赔偿损失外，还有如返还财产、排除妨碍、停止侵害等。

（4）适用的范围不同。为了防止特殊侵权行为民事责任被滥用，特殊侵权只被限制在法律有明文规定的范围内。而一般侵权行为的范围则没有该限制。

第一节　一般侵权责任

【案例　"中国好声音"著作权侵权纠纷案】

（一）案情摘要

原告（被上诉人）：深圳市腾讯计算机系统有限公司（简称腾讯公司），被告（上诉人）：暴风集团股份有限公司（简称暴风公司）。

腾讯公司依法拥有由上海灿星文化传播有限公司（简称灿星公司）制作的大型励志专业音乐评论节目《中国好声音》（第三季）独家信息网络传播权。腾讯公司诉称，暴风公司在未取得节目信息网络传播权的情况下，在其经营的网站（www. baofeng. com）上播放该节目第1~6期。暴风公司明知该节目的信息网络传播权由腾讯公司独家所有，却仍在其经营的网站上播放，严重侵害腾讯公司的合法权益。据此，请求依法判决暴风公司赔偿腾讯公司每期节目经济损失及诉讼合理支出200万元，包括经济损失199万元，诉讼合理支出1万元。

（三）相关法理知识及案例评析

本案涉及侵权责任中侵害著作权及邻接权损害赔偿计算方法的适用问题。法院在本案的审理中明确了以下规则，即侵害著作权及邻接权损害赔偿的计算方法是具有顺位要求的：第一顺位是权利人的实际损失；第二顺位是侵权人的违法所得；第三顺位是法定赔偿。可以适用前顺位方法时，排除后顺位方法的适用。确定权利人的实际损失与侵权人的违法所得通常包含多个参数。通常情况下，难以查明所有参数的准确数值，但也几乎不可能查明任何参数的准确数值。能够查明权利人的实际损失或者侵权人的违法所得的部分参数时，应当尽量利用裁量性赔偿方法确定权利人的实际损失或者侵权人的违法所得，而不是直接适用法定赔偿。

（三）处理结果

一审法院认为：第一，根据涉案节目片尾署名，其著作权人为灿星公司，后灿星公司出具授权书，将综艺节目《中国好声音》（第三季）的独家信息网络传播权及维权权利授予腾讯公司，因此腾讯公司具有请求保护涉案节目信息网络传播权的权利基础。暴风公司未经腾讯公司许可，在其经营的暴风影音客户端提供涉案节目在线播放服务，已构成对涉案节目信息网络传播权的侵犯，依法应承担相应的法律责任。第二，依据相关证据及认定的事实，一审法院足以确信腾讯公司因暴风公司涉案行为所遭受的经济损失明显超出著作权法法定赔偿数额的上限 50 万元，为弥补权利人的经济损失、惩戒恶意侵权行为，酌定本案赔偿数额为每期节目 100 万元。此外，依据本案诉讼标的金额，腾讯公司确有律师代理出庭应诉且针对本案提交了多份公证书等事实，腾讯公司主张每期节目 1 万元诉讼支出具有合理性，故对其该项诉讼请求予以全额支持。综上，一审法院判决：暴风公司赔偿腾讯公司每期节目经济损失 100 万元及诉讼合理支出 1 万元，两项共计 101 万元。

一审判决后，暴风公司以一审判决的赔偿数额没有事实和法律依据，对于经济损失的认定明显过高且极不公平合理为由提起上诉。二审法院认为，本案采用裁量性赔偿的方法确定损害赔偿数额，可以确认腾讯公司因暴风公司涉案行为所遭受的经济损失明显超出著作权法法定赔偿额的上限，故一审法院酌情确定每期节目 100 万元的赔偿数额并无不当。从而驳回上诉，维持原判。

第二节　特殊侵权责任

【知识串讲】

（一）监护人责任

1. 法律规定

《侵权法》第 32 条规定："无民事行为能力人、限制民事行为能力人造成他人损害的，由监护人承担侵权责任。监护人尽到监护责任的，可以减轻其侵权责任。有财产的无民事行为能力人、限制民事行为能力人造成他人损害的，从本人财产中支付赔偿费用。不足部分，由监护人赔偿。"

①无民事行为能力人、限制民事行为能力人造成他人损害的，应由监护人承担民事责任；②监护人如果能够证明自己尽了监护职责，可以根据情况适当减轻其民事责任；③如果无民事行为能力人、限制民事行为能力人自己有财产，首先应由本人的财产赔偿，监护人只补充不足部分；④如果单位是监护人的，可以"除外"。监护人的责任是严格责任加公平责任。

2. 无民事行为能力人和限制民事行为能力人致人损害侵权行为的构成要件

（1）必须是无民事行为能力人或限制民事行为能力人所为的行为。

（2）无民事行为能力人或限制民事行为能力人的损害行为，必须在客观上具有违法性。

（3）必须是无民事行为能力人或限制民事行为能力人自己

独立的行为对他人造成的损害。如果是受有责任能力人的故意教唆、指使、操纵所为，应由教唆、指使、操纵人直接承担侵权的责任。其归责原则为公平责任。

（二）饲养动物损害责任

（1）概念：指因饲养的动物出于本能造成他人人身或财产损害而依法由动物饲养人或管理人承担损害赔偿责任的行为。由于受害人的故意或重大过失造成损害的，动物饲养人或者管理人可以不承担或减轻民事责任。

《侵权责任法》第83条规定："因第三人的过错致使动物造成他人损害的，被侵权人可以向动物饲养人或者管理人请求赔偿，也可以向第三人请求赔偿。动物饲养人或者管理人赔偿后，有权向第三人追偿。"

（2）侵权行为的种类：《侵权责任法》第78~84条规定，未对动物采取安全措施、禁止饲养的烈性犬等危险动物造成他人损害的，管理人或饲养人承担责任；遗弃、逃逸的动物在遗弃、逃逸期间造成他人损害的，由原动物饲养人或者管理人承担侵权责任。饲养动物应当遵守法律，尊重社会公德，不得妨害他人生活。

（3）适用无过错归责原则。《侵权责任法》第81条规定："动物园的动物造成他人损害的，动物园应当承担侵权责任，但能够证明尽到管理职责的，不承担责任"，则实行的是过错推定责任。立法者考虑的是一般饲养的动物可能不像动物园那么精心，动物园动物的危险性比一般饲养的动物的危险性轻。但也有学者提出这体现了侵权法的瑕疵，即违反公平的公法人利益优位的思想。

（4）构成要件：①必须为饲养的动物造成的损害；②必须是动物独立动作造成的损害；所谓动物独立的动作，是指动物自身的动作而非受外人驱使；③必须是没有免责的理由。如果证明损害是由受害人的故意挑逗、攻击或有其他过失引起的，动物所有人或管理人可以不承担责任。

由于第三人的过错造成损害的，第三人应当承担民事责任，是否属于对所有人或管理人的免责问题，通说认为，这并不属于免责的问题。仍应先由动物的所有人或管理人进行赔偿，不得以第三人的过错为由而拒绝，只有待查清第三人时，根据第三人应当承担民事责任的规定，所有人或管理人可取得对第三人的求偿权。

（三）产品责任

1. 概念

产品责任是指由于产品有缺陷，造成了产品的消费者、使用者或其他第三者的人身伤害或财产损失，依法应由生产者或销售者分别或共同负责赔偿的一种法律责任。

2. 产品责任的构成要件

（1）生产或销售了不符合产品质量要求的产品。即产品存在危及人身、他人财产安全的不合理的危险，或产品不符合保障人体健康和人身、财产安全的国家标准、行业标准。这里所说的产品是指经过加工、制作，用于销售的产品。建设工程、初级农产品等不包括在内。这里所说的产品缺陷包括设计缺陷、制造缺陷和警示说明缺陷。

（2）不合格产品造成了他人财产、人身损害。这里所指的他人财产，不仅是指缺陷产品以外的财产，至于缺陷产品自身的损害，购买者也可以根据《侵权责任法》的规定要求销售者承担侵权责任。遭受人身损害的受害者，可以是购买者、消费者，也可以是购买者、消费者之外的第三人。

（3）产品缺陷与受害人的损害事实间存在因果关系。确认该种因果关系，一般应由受害人举证，受害人举证的事项为缺陷产品被使用或被消费、使用或者消费缺陷产品导致了损害的发生，但是对于高科技产品，理论上认为应有条件地适用因果关系推定理论。

产品责任的主体是产品的生产者或者销售者，产品的生产者不仅包括制造者，而且包括任何将自己的姓名、名称、商标或者可识别的其他标识体现在产品上，表示其为产品制造者的企业或者个人。对于产品责任的受害人而言，可以向产品的生产者要求赔偿，也可以向产品的销售者要求赔偿。产品的生产者或销售者在向受害人赔偿之后，可以向有责任的生产者或销售者追偿。但是，销售者不能指明缺陷产品的生产者，也不能指明缺陷产品的供货者的，销售者应当承担赔偿责任。如果产品的运输者、仓储者对产品质量不合格负有责任的，产品生产者、销售者在向受害者赔偿后有权要求运输者、仓储者赔偿。

（四）机动车交通事故责任

机动车交通事故责任是指机动车的所有人或者使用人在机动车发生交通事故造成他人人身伤害或者财产损失时所应承担的侵权损害赔偿责任。

《侵权责任法》对于机动车交通事故责任设有专章，除明确规定有关机动车交通事故损害赔偿责任适用《道路交通事故安全法》的规定外，对于租赁、借用机动车发生交通事故的责任承担；已交付但未办理所有权转移登记的机动车发生交通事故致人损害时的责任承担；转让人和受让人对拼装或已达到报废标准的机动车致人损害的责任承担；盗窃、抢劫或者抢夺的机动车发生交通事故致人损害时的责任承担；发生交通事故的机动车驾驶人逃逸时损害赔偿责任的承担，分别作出了比较详细的规定。

（五）医疗损害责任

1. 概念

医疗损害责任是指医疗机构及医务人员在医疗过程中因过失，或者在法律规定的情况下无论有无过失，造成患者人身损害或者其他损害，应当承担的以损害赔偿为主要方式的侵权责任。

2. 主要内容

（1）医疗技术损害责任。医疗技术损害责任，是指医疗机构及医务人员从事病情的检验、诊断、治疗方法的选择，治疗措施的执行，病情发展过程的追踪，以及术后照护等医疗行为，不符合当时既存的医疗专业知识或技术水准的过失行为，医疗机构所应当承担的侵权赔偿责任。医疗技术损害责任适用过错责任原则。证明医疗机构及医务人员的医疗损害责任的构成要件，须由原告即受害患者一方承担举证责任，即使是医疗过失要件也由受害患者一方负担。

（2）医疗伦理损害责任。医疗伦理损害责任，是指医疗机构及医务人员从事各种医疗行为时，未对病患充分告知或者说明其病情，未提供给病患及时有用的医疗建议，未保守与病情有关的各种秘密，或未取得病患同意即采取某种医疗措施或停止继续治疗等，而违反医疗职业良知或职业伦理上应遵守的规则的过失行为，医疗机构所应当承担的侵权赔偿责任。在诉讼中，对于责任构成的医疗违法行为、损害事实以及因果关系的证明，由受害患者一方负责证明。在此基础上实行过错推定，将医疗过失的举证责任全部归之于医疗机构，医疗机构一方认为自己不存在医疗过失，须自己举证，证明自己的主张成立，否则应当承担赔偿责任。

（3）医疗产品损害责任。医疗产品损害责任，是指医疗机构在医疗过程中使用有缺陷的药品、消毒药剂、医疗器械以及血液及制品等医疗产品，因此造成患者人身损害，医疗机构或者医疗产品生产者、销售者应该承担的医疗损害赔偿责任。

（六）环境污染责任

1. 概念

环境污染责任，是指由于生产、科研、生活及其他活动中产生的污染源进入人类生存的自然环境，造成人的生命、健康、财产遭受损害以及人的正常生产、工作、学习、生活受到妨害时，行为人依法所承担的民事责任，属于特殊侵权的民事责任之一种。

2. 其构成要件

①须被告污染环境，即存在由于被告从事的活动向人类环境排放废水、废气等有害物或者噪声、震动等有害因素的事实；②被告违反国家保护环境防止污染的规定；③须原告受有损害；④被告违法污染环境与原告所受损害之间有因果关系。

《侵权责任法》第66条规定："因污染环境发生纠纷，污染者应当就法律规定的不承担责任或者减轻责任的情形及其行为与损害之间不存在因果关系承担举证责任。"

（七）高度危险责任

高度危险责任是指从事高度危险的作业对他人人身和财产造成损害时所应当承担的侵权责任。

高度危险责任在我国法律中最早规定在《侵权责任法》第9章，明确规定了高度危险责任的具体情形、责任承担以及相关的免责事由。高度危险责任主要有两类情形：其一为实施高度危险的作业活动所产生的侵权责任；其二为因所有或管理高度危险物品或者高度危险作业活动的客体所承担的侵权责任。高度危险责任在归责原则上适用无过错责任原则，但能够证明损害是由受害人故意造成的，不承担民事责任。

（八）物件损害责任

1. 概念

物件损害责任是指为自己管理下的物件造成他人损害，应当由物件的所有人、管理人或者使用人承担侵权责任的特殊侵权责任。物件损害责任承担主体：物件的所有人、管理人或者使用人；物件损害责任是为物的损害负责的行为。

2. 物件损害责任归责原则：适用过错推定原则

3. 物件损害责任构成要件

①须有物件致害行为；②须有受害人的损害事实；③损害事实须与物件致害行为之间有因果关系；④须物件所有人或者管理人有过错（采推定方式）。

4. 物件损害责任的赔偿法律关系

①物件损害责任的赔偿权利主体：受害人；②物件损害责任的赔偿责任主体：第一，所有人；第二，管理人；第三，其他占有人：其一依承包、租赁等法律行为经营、使用他人物件的，由约定的责任者，所有人或者占有人承担赔偿责任。没有约定的，原则上由承包、租赁者承担责任；没有过错的，由所有人承担赔偿责任。其二原则上其他占有人不对物件损害他人承担赔偿责任。

【案例一 监护人有责任吗？】

（一）案情摘要

陆某、韦某均为刘某所经营的跆拳道馆大班的学员，刘某是该校负责人并兼任教练。该校大班冬季的上课时间为10：40至12：10。2012年11月3日上午10时20分许，同为跆拳道馆大班学员的小杰、小琴、小光等人来到该校报到，刘某正给跆拳道馆小班学员上课。小杰等学员向刘某提出先到平利县女娲广场跑步热身，刘某令众大班学员等候，待10：30分小班下课后其带队外出跑步，随后继续给小班上课。当日该馆仅刘某一名教练在校执教。因天气较冷，在教室外等候的众大班学员随自行到平利县女娲广场操场上跑步热身，陆某、韦某途中加入跑步队列。在跑步过程中，陆某辱骂韦某，韦某追打陆某，二人追逐奔跑中，陆某将同在广场上活动的83岁的肖某撞倒致使其受伤。肖某受伤后被送往平利县医院检查，支出门诊治疗费638元，当日转往安康市中医医院住院治疗，其伤情被诊断为：（1）中医诊断：左股骨颈骨折；筋骨损伤，气滞血瘀；（2）西医诊断：①左股骨颈骨折；②高血压病；③脑梗塞；④右肺感染，其在安康市中医医院住院治疗31日，支出住院治疗费48 860.31元，以上医疗费合计49 498.31元，另购买伤残辅助器具拐杖支出77.20元。

肖某住院期间，刘某为其垫付了2000元医疗费，陆某的监护人陈某某垫付了4000元医疗费。2012年12月10日，肖某的伤情经陕西安康金州司法鉴定中心作出伤残等级鉴定意见书，被评定为：被鉴定人肖某因外伤致左股骨颈骨折，行人工股骨头置换术后，伤残等级属七级。肖某支付鉴定费840元。法院查明，陆某的监护人系母亲陈某某，韦某的监护人系父亲韦某某、母亲吴某某。刘某经营的跆拳道馆系自负盈亏的民办教育组织，未办理工商营业执照，亦未取得其他行政许可执照。

（二）相关法理知识及案例评析

首先，对于刘某来说，依照《最高人民法院关于审理人身损害赔偿案件适用法律若干问题的解释》第7条之规定："对未成年人依法负有教育、管理、保护义务的学校、幼儿园或者其他教育机构，未尽职责范围内的相关义务致使未成年人遭受人身损害，或者未成年人致他人人身损害的，应当承担与其过错相应的赔偿责任。"本案中，事发当日，跆拳道馆大班的一干学员报到后，刘某做出简单的答复后继续给小班学员上课，致使众大班学员滞留教室外无人教育、管理、保护。学员迫于天冷，自发组织到平利县女娲文化广场的操场上做课前跑步热身，跆拳道馆亦未及时派员跟随前往进行有效的组织管理。刘某经营的跆拳道馆作为教育机构，依法负有教育、管理、保护未成年人的义务，但其缺乏资质，人员及场地设施欠缺，制度不完备，管理不力，从而造成对陆某、韦某的管护缺失。依据《最高人民法院关于审理人身损害赔偿案件适用法律若干问题的解释》第7条的规定，应承担与其过错相适应的赔偿责任。

陆某、韦某的委托代理人辩称："二人均是无民事行为能力人，父母将其送到跆拳道馆后，跆拳道馆即是陆某、韦某的监护人，故相应的民事责任全部应由跆拳道馆承担"。我国《民法通则》第16条规定："未成年人的父母是未成年人的监护人，若无父母或其他近亲属，其父母所在单位或住所地居委会、村委会、民政部门可担任未成年人的监护人。"监护是基于身份关系产生的民事权利，监护人不得无故或随意推诿监护责任，学校不具有成为未成年人监护人的法定资格，学校对学生担负的只是教育、管理、保护的义务，并非监护责任。

其次，对于陆某、韦某来说：两人虽是年仅8岁的无民事行为能力人，但按其年龄和认知能力，其主观上应当知道在公共场所追逐打闹具有危险可能危及他人的人身安全，客观上陆某辱骂韦某后，为躲避韦某的追打在奔跑中将肖某撞倒致使其受伤，其行为具有与智力水平相适应的过错，该损害结果与过错行为具有因果关系，侵权行为成立。韦某在遭受辱骂后，在公共场所对陆某进行追打，其虽未直接接触肖某的身体，但其追打行为对于损害后果的发生亦具有一定原因力，其主观上具有一般过失，故陆某、韦某均应承担相应的过错责任。

再次，对陆某、韦某的父母来说：刘某经营的陕西省安康市跆拳道协会平利分馆无任何证照资质，教育管理人员、场馆设施均不完备，存在安全隐患，故陆某、韦某的监护人将子女送入该校接受教育，亦应负未尽审查义务的责任。陆某、韦某均系无民事行为能力人，依照《侵权责任法》第 32 条之规定，基于其行为产生的侵权责任由其监护人承担。

最后，对于肖某来说，刘某、陆某、韦某的委托代理人在庭审中提出"肖某系 82 周岁老人，其在公共场所活动，应由监护人陪护，而肖某自行横穿跆拳道馆学员的跑步队列，阻碍儿童训练，其本身亦有过错应自行承担 30%损失"的抗辩意见，因女娲文化广场是居民众所周知的公共文化娱乐场所，并非跆拳道馆训练的专用场地，应认定肖某从广场经过并无不当。

（三）处理结果

一审法院认为：肖某身体健康权受到的侵害，系跆拳道馆的学员陆某、韦某在课前跑步热身过程中追逐打闹所致。跆拳道馆负有对学生管理、保护缺位的严重过错，依法应承担本案主要的民事赔偿责任。肖某主张由陆某、韦某、刘某赔偿其医疗费、护理费、住院伙食补助费、残疾赔偿金、鉴定费、残疾辅助器具费、交通费、精神损害抚慰金的理由成立，法院依法予以支持。肖某因伤所产生的各项损失，法院酌定由刘某承担 80%、陆某承担 14%、韦某承担 6%的民事赔偿责任。

一审宣判后，陆某、韦某、刘某均不服提起上诉，经二审查明的事实与一审认定的事实一致。本案陆某与韦某在公众场所嬉戏追打是肖某受伤，造成七级伤残的直接原因，依据《侵权责任法》第 32 条之规定，该责任应由其监护人承担。综合本案实际情况及三方的过错程度，判决撤销平利县人民法院的民事判决；肖某的各项损失由刘某承担 50%，陆某承担 30%，韦某承担 20%。

【案例二　都是狂犬惹的祸?】

（一）案情摘要

原告杨某某诉称：2012 年 8 月 18 日上午原告在其居住的××小区××号楼×门二楼楼道内被被告饲养的犬只咬伤。经天津市南开区预防医学门诊部诊疗后，于当天注射了国产狂犬疫苗，其余两支疫苗分别于 8 月 25 日、9 月 8 日注射。2012 年 9 月 1 日经天津市中心妇产科医院检查，原告得知自己已经怀孕。由于注射疫苗势必对胎儿发育产生很大的影响，在听取医生建议的情况下，原告无奈选择了人工流产。由于术后身体虚弱，一直在家休息至今。被告所饲养动物的致害行为给原告的身体和精神均带来了巨大伤害。事发后原告多次找被告协商解决此事，均遭被告拒绝。故起诉要求：（1）被告赔偿原告医疗费 1771.18 元、交通费 62 元、误工费 1760 元、护理费 1700 元、营养费 2000 元、精神损害抚慰金 4000 元，总计 11 293.18 元；（2）被告向原告赔礼道歉；（3）诉讼费用由被告承担。

被告苏某某辩称：原告所述不属实。2012 年 8 月 18 日上午被告牵着自家京巴犬准备下楼外出，恰巧在楼道里碰到原告，因原告伸腿挑逗小狗，小狗随即抬爪隔着原告的裤腿抓了原告的小腿一下，当时未发现任何被抓破挠伤的痕迹，被告出于一个医务工作者职业的本能及对防疫的重视，动员原告随被告去专业防疫站注射狂犬疫苗。被告全额承担了交通费、挂号费、疫苗费及三次注射疫苗的注射费，已经履行了被告饲养的小狗抓伤原告后，被告的全部义务。原告的诉讼请求既无法律依据，也无任何因注射疫苗必然导致原告结束妊娠实施流产术的司法鉴定证据为凭，因此原告的请求于法无据。如果医生建议流产，也只是建议不是必须，原告仍具有选择的权利，其主动结束妊娠，实施人工流产之事与被告并无任何关联性。故不同意其诉讼请求。

法院经审理查明：原、被告同住天津市南开区××小区，为同楼门同层邻居。2012年8月18日上午，原告在楼道处与携犬外出的被告相遇，随后被告饲养的犬只对原告进行攻击，致原告左下肢受伤，后被告陪同原告到天津市南开区预防医学门诊部就医，原告经处理伤口后注射了国产狂犬病疫苗，相关医疗费用均由被告进行了支付。此后原告又于2012年8月25日、9月8日至该门诊部注射了狂犬病疫苗。2012年9月1日原告至天津市中心妇产科医院对是否怀孕进行检查，支出医药费43.1元。2012年9月8日原告至天津市人民医院就诊，病历记录显示为早孕，当日支出医药费185元。2012年9月10日原告再次至天津市人民医院就诊，支出医药费252.42元。2012年9月13日原告至天津市南开医院就诊并进行了人工流产手术，为此支出医药费935.79元，术后医生建议休息半个月。2012年10月22日原告至天津市南开医院进行术后复查，支出医药费124元。

天津市南开区预防医学门诊部病历册中接种疫苗须知载明："接种疫苗前有以下情况者不宜或慎接种，请向医生讲明并遵从医生指导：……5. 怀孕及哺乳期妇女。"该病历册另载明："〔孕妇及哺乳期妇女用药〕国产犬苗未进行过动物致畸性试验。进口犬苗如法国生产的维尔博狂犬疫苗有资料表明对孕妇、哺乳期妇女无不良反应。"

庭审中，原、被告均向本院提交了人用狂犬病疫苗（Vero细胞）说明书，该说明书〔注意事项〕载明："以下情况者慎用：家族和个人有惊厥史者、患慢性疾病者、有癫痫史者、过敏体质者、哺乳期、妊娠期妇女。"

原告主张误工费，但未向法院举证证实其实际从事的行业及收入状况。另，被告主张因原告伸腿挑逗小狗，才致小狗将其抓伤，原告予以否认，对此被告未能提供相关证据予以证实。

（二）相关法理知识及案例评析

本案的争议焦点在于对因果关系的认定。一种观点认为应当采用必然因果关系标准，另一种观点认为应当采用相当因果关系标准，法院采纳了第二种观点。

1. 相当因果关系的含义及优越性

我们通常所述的必然因果关系是指，一定的损害事实是由该违反民事义务的行为所引起的必然结果，如果没有这一行为，就不会发生该损害事实。必然因果关系的确真实地反映了行为与结果之间的内在联系，但完全否认其他因果关系的存在，排斥因高度盖然性而发生的损害赔偿责任，仅考虑行为与结果之间直接的因果关系，缩小了侵权行为者责任的承担范围，不利于保护受害者的利益。人们对因果关系的认识，是要受制于人类的知识水平、事物之间联系的复杂性、人类认识能力的有限性等，使得人们不可能完全认识事物之间的因果关系。从而，人们对特定事件之间的因果联系的判断也只能是在现有的认知条件和信息状况下，对因果关系作出一个大致的判断。实践中某些案件在有无必然因果关系上难以认定，要求处理每一个具体案件，均能准确掌握其必然性因果联系较为困难。

与必然因果关系说相比，相当因果关系说不要求我们对每一个案件均脱离一般人的知识经验和认识水平，去追求客观的、本质的必然联系，只要求判明原因事实与损害结果之间在通常情形下存在的可能性。也就是说，在判断侵害行为与损害结果间有无因果关系时，就以行为发生时的一般社会经验和认识水平为标准。如果该行为有引起该损害发生的可能性，而实际上该行为又不确定产生了该损害结果，即可认定成立因果关系。当然，也有学者认为相当因果关系说存在一定的缺陷，由于其"相当性"的判断基准是"通常可能性"，实质上是一种盖然性判断，留给法官以太大的自由裁量权。但相当因果关系的此般缺陷恰恰是其灵活自如的体现，固然过宽的相当性限定会不适当地扩大责任的范围，但过窄的相当性限定也会造成原因关系的不恰当切断。如只用当事人的预见性而非社会一般民众的预见性来作为相当性的确定依据，显然会使得当事人轻易免责。相当因果关系较必然因果关系扩大了因果关系的范围，使加害人不会被轻易免除责任，从而在许多情况下有利于保护受害人的利益，实现民法的社会价值。

2. 相当因果关系的判断标准

相当因果关系由条件关系和"相当性"构成。条件是对损害的发生具有原因力的事件。相当性的判断在于考察加害行为有没有实质上提高损害发生的可能性。条件关系的判断基本上是一种事实判断，旨在排除于造成损害结果无关的事项。相当性的判断则属价值判断，具有法律上归责的机制，旨在合理地转移或分散因侵权行为而生的损害，是法官站在理性人和公正的立场上，遵循社会生活的共同准则、公平正义的价值观念、善良风俗习惯和人之常情自由裁量的结果。

相当因果关系的判断分为两个步骤。第一步判定条件关系，如果不存在条件关系，因果关系的判定就此完结；如果存在条件关系，则在此基础上判定相当性。条件关系的认定标准是"若无，则不"。判断方法是：如果没有被告的行为，通常情况下损害将不会发生，则被告行为与损害后果之间存在条件关系；

反之，如果没有被告行为，损害仍会发生，则被告行为与损害结果之间不存在条件关系。相当性的判定标准有三种学说：一是主观说，主张应以行为人行为时所认识或能认识到的事实为基准；二是客观说，主张以行为时一般人在相同条件下能够认识到的事实为基准；三是折中说，主张以一般人在相同条件下能够认识到的事实和行为人特别认识到的事实为基准。客观说为通说。

判定相当因果关系可以适用下列公式。大前提即，依据一般的社会知识经验，该种行为通常情况下能够引起该种损害后果。小前提即，在现实生活中，该种行为确实引起了该种损害后果。结论即，那么，该种行为是该种损害后果发生的适当条件，两者之间具有相当因果关系。就本案而言，原告遭受被告饲养犬只的侵害而注射了狂犬病疫苗，注射疫苗后得知自身已怀孕。对于一名普通的已婚适孕女性，在得知自身怀孕后通常情况下不会主动选择终止妊娠，而按照普通民众的认知水平，怀孕早期多次使用标注"孕妇慎用"的药品后均会考虑该药品是否会对胎儿造成不良影响，从而决定是否终止妊娠。原告因犬只伤害三次注射狂犬病疫苗，注射疫苗后发现自身怀孕，因接种疫苗须知及狂犬病疫苗说明书中均提示孕妇慎用，原告为避免腹中胎儿由此可能遭受的更大损害，决定终止妊娠，进行了人工流产手术，其决定符合一般民众的社会经验和认知水平。据此，应当认定原告终止妊娠与其遭受犬只损害之间存在因果关系，故被告应对原告终止妊娠所造成的相关损失承担赔偿责任。

（三）处理结果

法院生效判决认为：饲养的动物造成他人损害的，动物饲养人或管理人应当承担侵权责任。本案中，被告饲养的犬只致原告遭受人身损害，作为饲养人的被告应当承担侵权责任。庭审中，被告主张因原告伸腿挑逗小狗，才致小狗将其抓伤，但对此并未提供相关证据予以证实，故本院对被告该主张不予采信，因此不能减轻或免除其侵权责任。原告因犬只伤害注射了狂犬病疫苗，注射疫苗后发现自身怀孕，因接种疫苗须知及狂犬病疫苗说明书中均提示孕妇慎用，原告出于对自身权益的高度注意，为避免有可能出现的更大损害，决定终止妊娠，进行了人工流产手术。据此可以认定原告终止妊娠与其遭受犬只损害之间存在因果关系，故被告应对原告终止妊娠所造成的相关损失承担赔偿责任。关于原告主张的赔偿项目、标准及赔偿数额，应根据相关法律法规的规定结合原、被告提供的证据予以确定：①医药费，原告于 2012 年 9 月 13 日及 10 月 22 日至天津市南开医院进行人工流产手术及术后复查，支出医药费共计1059.79 元。②交通费，因原告提交的票据不足以证实该费用确因原告及其必要的陪护人员因就医或者转院治疗而实际发生，故对交通费酌定为 40 元。③误工费，因原告未能举证证明其实际从事的行业及收入状况，故应参照天津市上一年度居民服务和其他服务业在岗职工平均工资计算 15 天（2011 年度居民服务和其他服务业在岗职工平均工资为 26 175 元）。误工损失为1090.65（26 175÷12÷30×15）元。考虑原告具体情况，营养费酌定为 500 元。关于护理费，因原告未向本院提供相关证据证明原告治疗及修养期间确有护理依赖存在，故对原告要求护理费的诉讼请求，本院不予支持。关于精神损害赔偿，原告终止妊娠确对其精神造成一定损害，考虑本案具体情况，本院酌定由被告赔偿原告精神损害抚慰金 1000 元，原告要求赔礼道歉的诉讼请求，本院不予支持。最终天津市南开区人民法院于 2012年 11 月 27 日作出［2012］南民初字第 6973 号民事判决：①本判决生效后 15 日内，被告苏某某一次性赔偿原告杨某某医药费 1059.79 元、交通费 40 元、误工费 1090.65 元、营养费 500 元、精神损害抚慰金 1000 元，共计 3690.44 元；②驳回原告其他诉讼请求。宣判后，双方当事人均未提出上诉，判决已发生法律效力。

【案例三　高空抛物谁之过?】

（一）案情摘要

2016 年 10 月 4 日上午，受害人卜某驾驶电动自行车行驶至芜湖市镜湖区绿地伊顿公馆 28 幢 1 单元某私房菜馆门口人行道，被高空坠落的红砖砸中头部，当场死亡。因公安机关未能查明具体侵害人，受害人家属将紧邻案发地的 28 号楼一单元（除一层外）所有业主以及小区物业公司和开发商，共 176 位作为被告起诉。

（二）相关法理知识及案例评析

《侵权责任法》第 87 条规定："从建筑物中抛掷物品或者从建筑物上坠落的物品造成他人损害的，难以确定具体侵权人的，除能够证明自己不是侵权人的外，由可能加害的建筑物使用人给予补偿。"28 幢 1 单元 2 楼以上住户若无法证明自己不是侵权人的，需共同承担对卜某的补偿责任。此外，物业公司不仅是建筑物使用人，还是建筑物的管理人，若未尽到管理义务，对受害人死亡具有过错，应承担赔偿责任。

（三）处理结果

法院经审理查明后认为：28 幢 1 单元公共区域有 6 处存在类似致死红砖，且多处为长期存在；28 幢 1 单元住户表示门禁长期不关闭，对此福田物业公司未能举证反驳。被告福田物业公司作为物业服务企业，未能妥善及时地处置安全隐患，未尽物业管理义务，应承担过错赔偿责任，具体责任比例酌定为原告总损失的30%。96户业主中，15名被告在事发前已将房屋出售或出租给他人（已在本案中追加为被告），不承担责任。有46户业主提交证据，法院确定三原告各项损失共计508 671元。最终判决：被告深圳市福田物业发展有限公司被判令于本判决生效后10日内给付三原告赔偿款152 601.48元；因不能充分证明其非侵权人，被法院认定为可能加害的建筑物使用人的134名业主，于本判决生效后10日内按户各给付三原告补偿款4395.92元；驳回原告的其他诉讼请求。

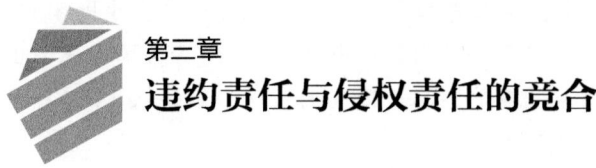

第三章
违约责任与侵权责任的竞合

【知识串讲】

（一）违约责任与侵权责任的竞合

违约责任与侵权责任的竞合是指行为人的一种违法行为同时违反了合同规范和侵权规范，同时具备了违约责任的要件和侵权责任的要件，导致违约责任与侵权责任同时产生的一种法律现象。

《合同法》第 122 条规定："因当事人一方的违约行为，侵害对方人身、财产权益的，受损害方有权选择依照本法要求其承担违约责任或者依照其他法律要求其承担侵权责任。"

（二）两种责任的区别

违约与侵权的区分基础。①侵权——侵害绝对权；②违约——侵害相对权。导致基本处理方法——当事人择一行使。

【案例　最不愿意看到的悲剧】

（一）案情简介

原告赵某离异，因工作繁忙无法照看其四岁幼子王力，故雇请被告周某照看。双方约定，原告每月向被告支付工资并包吃包住，被告在原告住处从事照顾王力的工作。2014 年 12 月 1

号 17 时左右，被告和王力两人在家，被告将王力置于卧室内，让其独自玩耍，自己到厨房做饭。当日 17 时 30 分左右，王力由梳妆台旁的凳子爬上窗户，扒开卧室的窗子，不慎从 14 楼摔至地面，后经抢救无效死亡。

（二）相关法理知识及案例评析

本案主要涉及侵权和违约的竞合。本案中既存在侵犯生命权的侵权行为，又存在雇员对于雇主的违约行为。故赵某有权选择依照侵权责任或者依据违约责任起诉周某，因周某的一个行为已经导致既发生了侵权责任又发生了违约责任，构成了侵权与违约的竞合。

（三）处理结果

周某的行为既构成违约也构成侵权，根据《合同法》第 122 条的规定，赵某只能在违约和侵权中择一。因赵某选择以侵权起诉周某，故法院认定周某的行为构成侵权，应当承担赔偿责任。